AF144828

www.united-pc.eu

Wolfgang Unger

Betrachtungen über das Leben

Überlebensbetrachtungen

Spiegelungen des Lebens

Inhaltsverzeichnis

Vorhang auf!

Betrachtung: Gedanken über ein bestimmtes Thema

Der Homo Sapiens unterscheidet sich laut moderner Wissenschaft von Flora und Fauna in seiner DNA nur sehr geringfügig. Der Unterschied beträgt angeblich bloß 1,5 Prozentpunkte - nicht sehr viel. Ein bisschen gescheiter als ein Baum könnte man sagen. Warum kann der Mensch diesen Vorteil nicht für eine nachhaltige Arterhaltung nutzen? Umweltprobleme handhaben? Zwischenmenschliche Gewalt ein für alle Mal unterlassen? Endgültig aus seinen Fehlern lernen, anstatt sie ständig zu wiederholen?

Tiere würden niemals Kriege führen, geldgierig den Planeten zerstören, Drogen konsumieren oder mehr fressen als notwendig, um nur einige Beispiele zu nennen. Sie leben artgerecht, gemäß ihrer natürlichen Bestimmung. Allerdings bietet ihnen ihr genetisches Konzept auch kaum Spielraum für größere Abweichungen.

Obwohl der Mensch dem Tier gegenüber in kognitiver Fertigkeit weit überlegen ist, nützt er diese nur selten zu seinem Vorteil, sondern sogar eher zu seinem Nachteil. Er sägt an dem Ast, auf dem er sitzt.

Meiner Ansicht nach, liegt einer der Gründe darin, dass er ganz einfach zu wenig über sich, seine Bedürfnisse und dem Leben im Allgemeinen,

Bescheid weiß.

Unsere Gesellschaft legt zwar löblicherweise neuerdings mehr Wert auf artgerechtes Tierwohl, ob der Einzelne mit seinen Lebensumständen zurechtkommt, wird zumeist nicht einmal angedacht. Geschweige denn, werden wichtige Themen in Bezug auf das Leben und deren Zusammenhänge, in unser Bildungssystem aufgenommen.

Die Bildungsstätten versagen darin, ihrem Auftrag, das Individuum für die täglichen Anforderungen des Lebens, lebensbegleitend auszubilden, nachzukommen.
Man lernt wie man dies oder jenes bewerkstelligt, meist nur in Theorie, doch kaum essentielle praktische Lebensgrundlagen. Die Zusammenhänge und Wechselwirkungen von Psyche und Materie werden in moderner Bildung fast gänzlich ausgeklammert, obwohl gerade diese Aspekte des Lebens enorm wichtig wären.

Die Fachbereiche sind allgemein zu komplex, schwer verständlich und oft sehr widersprüchlich. Die herkömmlichen Schulsysteme hängen darin fest, altes verstaubtes, existenziell nicht nutzbares, eher rein theoretisches Wissen zu lehren und wiederzukäuen.

Existenzielles als gesunde Basis für die eigene Zukunft, wie Partnerschaft gesunde Ernährung, Kindererziehung, Finanzwesen oder Umweltschutz, um nur einige Beispiele zu nennen, werden zu wenig bis gar nicht gelehrt.

Unser Bewertungssystem geprägt von Notengebung, Ignoranz von Begabungen und überhaupt jegliches Fehlen von Freiwilligkeit durch ein „Zwangssystem", machen den Hauptanteil des Versagens aus. Anstatt schon längst auf zu lernen, um das Gepaukte auch zu verstehen umzusatteln, wird stupides Auswendiglernen ausgereizt bis die Gehirne rauchen. Anfängliches Interesse der Schützlinge wird durch Überforderung der Aufmerksamkeitsspanne ausradiert.

Eine Reformation dieser alten Gemäuer scheint unmöglich und Diskussionen darüber blieben bislang fruchtlos. Wo kein Wille auch kein Weg?!

Seine gegebene Intelligenz nicht zu verwenden, ist schade und traurig! Sie gegen sich und andere zu wenden, sehr, sehr dumm. Punkt!

Definitionen oder Beschreibungen, welche im Text etwas größer geschrieben sind, habe ich aus dem Internet abgekupfert.

Aus Gründen der besseren Lesbarkeit wird auf die gleichzeitige Verwendung der Sprachformen männlich, weiblich und divers (m/w/d) verzichtet. Sämtliche Personenbezeichnungen gelten gleichermaßen für alle Geschlechter.

ADHS

Aufmerksamkeitsdefizit-Hyperaktivitätsstörung: Eine neurobiologische Erkrankung, bei der es zu einer teils veränderten Informationsübertragung zwischen Nervenzellen und Gehirn kommt. Kernsymptome sind Aufmerksamkeitsstörungen, Hyperaktivität und Impulsivität.

Ritalin: Ist ein effektives, schnell wirksames Medikament, mit dem eine Steigerung von Aufmerksamkeit und Konzentration erzielt werden kann. Wirkt anregend, unterdrückt Müdigkeit und wirkt antriebs- und leistungssteigernd.

Zu den beiden Definitionen, deren Bedeutung und Auswirkungen, kann sich jeder sein eigenes Bild machen. Abseits von nebulösen Einblicken ins Gehirngewebe, habe ich mir mein eigenes, auf Erfahrungen basierendes, gemacht.

Am „ADHS- Phänomen" kann man sehr gut nachvollziehen, wie mit Problemstellungen wissenschaftlich umgegangen wird. Da wird der Versuch unternommen, ein Defizit im sozialen Umgang mit einem Medikament auszugleichen. Wie soll es eine Verhaltensauffälligkeit beheben, wenn der Ursprung in einer mangelhaften Erziehung zu finden ist? Vielen ist der Begriff „ADHS" zwar geläufig, Genaueres darüber in

Erfahrung zu bringen, ist jedoch aufgrund der oft schwer verständlichen Fachliteratur kaum möglich. Die Lehrmeinung geht davon aus, dass es im Gehirn des Betroffenen zu Übertragungsfehlern kommt. Dieser Missstand soll angeblich zu Unaufmerksamkeit und Hyperaktivität führen. Beide werden als psychische Störungen definiert.

Meiner Erfahrung nach handelt es sich um ein Verhalten, womit der junge Mensch aufzeigen möchte, dass in seiner Welt etwas fehlt oder nicht in Ordnung ist. Er setzt folglich Handlungen, um seine Person in den Fokus derer zu bekommen, von denen er wünscht, beachtet zu werden. Schlimm genug. Genügt es nicht, Sohn oder Tochter zu sein, um Zuwendung von seinen Eltern zu erhalten? Heutzutage erweist sich dieses Begehr, von seinen Eltern wahrgenommen zu werden, offensichtlich immer schwieriger. Ein einfaches in den Arm nehmen aus Zeitgründen, bedingt durch Beruf, Familie und neuerdings auch ach so wichtige Social Media Belange unter einen Hut zu bringen, schon fast unmöglich. Aufmerksamkeit, die unseren Kindern dadurch verloren geht.

Wie kann ein Psychopharmakon diesen Umstand beheben oder verbessern? Chemische Wirkstoffe bewirken physiologische Vorgänge im Körper. Arzneimittel können biochemische Reaktionen im menschlichen Körper beschleunigen oder verlangsamen. Dieses Symptom Verhalten beschreibt einen psychischen Mangel. Das Aufputschen eines Betroffenen, der schon bereits „überdreht" agiert, ist für mich eindeutig die falsche Indikation. Ein Kokain ähnliches Präparat dafür zu verwenden, ist wie den „Beelzebub mit dem Teufel auszutreiben". Kokain für den einfachen Mann bzw. das Kind.

Ein Defizit ausgleichen kann man nur, indem das hinzugefügt wird, was fehlt. Bei Vitamin C Mangel wäre es die zusätzliche Aufnahme von Vitamin C. In unserem Fall die angedachte fehlende Aufmerksamkeit! Nicht eine Art von „Droge", die wiederum nur die fehlende Aufmerksamkeit ersetzen soll. Dies könnte einem schon sein gesunder Hausverstand aufzeigen.

Der Aufschrei nach Beachtung wird als „impulsiv und unangemessen" verbalisiert. Wie soll man Interesse von jemanden einfordern?! Still und angepasst? Ruhig und konditioniert den gesellschaftlichen Normen entsprechend? Alles was "auffällig" ist, wird auf ein Normalmaß zusammengestutzt. Wenn man laut und aufmüpfig ist, hat man gleich eine psychische Störung. Der wirkliche Hilfeschrei, verwoben mit dem Problem, findet keine Beachtung.

Generationen mit Pillen abgespeist.

Im Sport und beim Lernen wird so manches Mittel für „medizinisch" erlaubtes Dopen missbraucht. Wessen Interessen damit gefördert werden, lasse ich mal im Raum stehen?!

Sprachlosigkeit macht sich breit.

Affinität

Bedeutung in der Soziologie: Anziehungskraft, die Menschen aufeinander ausüben

Ich würde es nicht wirklich als Kraft bezeichnen, auch nicht mit Gravitation vergleichen. Liebe hat zwar einen großen „Impact", ist aber in sich eher eine sanfte Regung und mit fürsorglicher Zuneigung besser beschrieben.

Sexualität in ihrer grundlegenden Form, ist der Ausdruck von Nähe auf physischer Ebene, Gewalt genau das Gegenteil. Berührt man sich gerne und strebt Nähe an, ist es ein Zeichen von Zuneigung für sein Gegenüber.

Finden Berührungen jedoch lediglich im Rahmen von sexuellen Handlungen statt, kann von einem rein körperlichen Begehr ausgegangen werden, das nur vom (An)trieb sich zu vermehren, gesteuert ist. Entspricht mehr der Äußerung eines Verlangens und hat deshalb mit Mögen weniger zu tun. Soweit so gut. Wollte ich nur einmal erwähnt haben, da dies sehr oft auch als Liebe missinterpretiert wird.

Wenn jemand als Kind keine Herzenswärme erfahren hat, kann er sie als Erwachsener weder wahrnehmen noch weitergeben. Er weiß schlicht und einfach nicht, was das ist oder wie es sich anfühlt. Seiner Erfahrung nach bedeutet Liebe etwas ganz Anderes, als die meisten von uns es in Konsens betrachten. Hat die Person körperliche und seelische Distanz anstatt Nähe erfahren, ist dies nun ihre Art und Weise Liebe zu zeigen. Unbewusst handelt der Betroffene so, wie er von seinen Erfahrungen geprägt wurde. Das Erwerben von sozialen Mustern durch Sehen, Hören und Fühlen. Wie bei einem Schwamm wird alles aufgesaugt. Deswegen sind elterliche Zuwendung und Herzenswärme so wichtig.

Liebe ist sicherlich das Gefühl, dem wir in unserer Welt die meiste Aufmerksamkeit schenken. Sie zu erhalten oder auch weiterzugeben, ein sehr weit verbreitetes Anliegen. In zig-millionenfacher Auflage in Liedertexten beschrieben und lobgepriesen. Obwohl dieses Thema so viel Raum und Zeit einnimmt, mangelt es bei den meisten Menschen am Verständnis und dem richtigen Umgang damit. Aufgezeigt durch das häufige Scheitern von Beziehungen und doppelt unterstrichen mit dem daraus resultierenden Leid und Schmerz der Betroffenen. Den größten Fehler, den man nach so bitteren Erfahrungen begehen kann, ist sich waidwund zurückzuziehen und sich aus Scheu vor erneuter Verletzung, der Liebe ganz zu entsagen. Nur wer es wieder wagt, gewinnt. Beim Reiten weiß man es, wer abgeworfen wird, sollte gleich wieder aufsteigen.

Geliebt zu werden ist bedauerlicherweise das Hauptbegehr des heutigen Zeitgeistes. Auch wichtig und erstrebenswert. Liebe für jemanden zu empfinden und zu schenken, macht aber den ganz großen Unterschied! Bereichert durch dieses Gefühl, erlebt man alles andere viel intensiver und klarer. Hat dadurch auch vermehrt das Empfinden, viel lebendiger am Leben zu sein. Ein Wahrnehmungsverstärker, könnte man meinen. Alles schmeckt besser, schaut ansehnlicher aus und fühlt sich sensitiver an. Dies ist der Bonus, den man liegen lässt, wenn man auf „Ich will geliebt werden setzt"!

Sexualität hingegen ist im Grunde eine sehr einfache Angelegenheit. Vorausgesetzt man lässt es dabei. Sie wird nur durch unsere Betrachtungen verkompliziert und problembehaftet. Aus oder mit Liebe bereichert, ist sie natürlich auch viel anregender und reizvoller. Fantasie spielt in der Erotik die tragende Rolle. Wenn sie fehlt, wirkt alles eher mechanisch und hölzern. Das Eintauchen in „ekstatische Zustände" würde dann leider nur ein Gerücht bleiben, von dem man schon einmal gehört hat.

Kommunikation, Übereinstimmungen in Realitäten, natürliche gegenseitige Intimität und Nähe, sind wichtige Essenzen davon.

Und so mancher Poet beschrieb sie, als schon deswegen wert gefühlt zu werden, weil sie ewig währt. Wessen Herz nicht schon einmal gebrochen, hat nie erlebt den Schmerz, der sich daraus befreienden Regung und so nie erfahren, wie sie wirklich ist, die Liebe. „Die Kunst zu Lieben" von Erich Fromm, ein Muss für jeden, der „mehr" davon möchte.

Sie muss nicht perfekt sein, Hauptsache sie ist echt.

Angst essen Seele auf

Angst ist das Gefühl der Unheimlichkeit und des Ausgesetztseins in der Welt.

Die unbewusste, in jedem von uns schlummernde Urangst, ist der wohl am meisten gefürchtete "Widersacher" im Spiel, das sich Leben nennt. Sich selbst davon abzulenken oder sie zu verdrängen, nicht wirklich eine gute Lösung. Der Angst Zeit geben. Das Leben aber trotzdem leben.

Angst zuzulassen, vermindert sie. Dem Konstruktiven mehr Raum zu geben, verringert sie auch. Dadurch wird das Bejahende im Leben gestärkt. Sich mit seinen Ängsten auseinanderzusetzen, ist sinnvoll und gut. Man sollte versuchen, der Unheimlichkeit durch das Beschäftigen damit mehr Vertrautheit abzugewinnen. Die daraus resultierende gestärkte Sicherheit wiederum wird das Gefühl des Ausgeliefert seins verringern. Dem wirklich Existenten muss aber immer verstärkt Beachtung gegeben werden.

Abhilfen für die Handhabe von Ängsten zu entwickeln, um sie in den Griff zu bekommen, ist der richtige Umgang. So kann man mit der Zeit diese Schwäche verringern und sie langsam aber sicher in eine Stärke wandeln. Dadurch gibt man dem Leben vermehrt Perspektive und ermöglicht der inneren Ruhe mehr Raum und Zeit.

Angst essen Seele auf. Dieser Zustand entwickelt

sich, wenn man sich seinen Ängsten ohne Gegenwehr hingibt. Sich dadurch immer mehr vom Leben zurückzieht und die dunkle Seite verstärkt Form annimmt. Zudem verlernt man immer mehr, das Erlebte als etwas Gutes zu betrachten. Die optimistische Sicht geht immer mehr verloren.

Vieles erscheint gefährlich und unmöglich. Man traut sich immer weniger zu, vertraut sich selbst nicht mehr und kapselt sich schlussendlich von seiner Umgebung ab. Ein Schmetterling wird zur Raupe. Sogenannte „Freunde" unterstützen diese negative Haltung durch ihre eigenen pessimistischen Anschauungen. Ein Teufelskreis, dem man kaum entrinnen kann.

Die Zukunft kann dann nicht mehr als Zeit gesehen werden, die schön und freudig sein könnte, sondern nur noch schwarz und düster.

Immer wenn ängstliche pessimistische Gedanken auftauchen, kann man sich selbst einen Stopp setzen und bewusst die Aufmerksamkeit auf erfreuliche Gegebenheiten in der tatsächlichen Umgebung lenken.

Man sollte so oder so mehr im Hier und Jetzt leben und sein Dasein von dieser Warte aus betrachten. Zumeist handelt es sich um zukünftige unheilvolle Gedankenkonstrukte, die nicht in der Realität, sondern nur in der Vorstellung existieren.

Furcht verhindert nicht den Tod, sie vermindert Leben!

Augenblick

Zeitpunkt zwischen Vergangenheit und Zukunft.

Dass das Leben ständige Veränderungen mit sich bringt, ist ein sehr wesentlicher Fakt, der zu oft außer Acht gelassen wird. Unabänderlich, festgehalten durch die Zeit, schreitet es in diesem Modus operandi dahin.

Jegliche Form der Existenz besteht nur genau in diesem Moment der gegenwärtigen Betrachtung. Im nächsten Augenblick ist er schon wieder Geschichte. Genauso schnell wie er kam, ist er auch schon wieder dahin. Im Kontinuum der Zeit, fortwährend, ein Zeitpunkt nach dem anderen. Die einzig permanente Konstante darin ist man selbst! Die Zeit vergeht, du bleibst.

Obwohl festgeschrieben als physikalisches Gesetz, wird versucht, in diese ständig fortwährende Bewegung einzugreifen. Sich damit auseinanderzusetzen, damit zu hadern und den Augenblick festzuhalten. Man vergisst dabei fast immer auf das Wesentliche der ganzen Angelegenheit, sich selbst. Wie Sisyphus ständig beschäftigt mit dem Stein, darauf bedacht alles zu erledigen, um schlussendlich erledigt zu sein. Von den Göttern dazu verdammt oder ganz einfach, weil man es nicht besser weiß?

Zustände, Sachverhalte, Gedanken etc., ein ständiges Kommen und Gehen.

Kaum zu glauben aber wahr, dem Schöpfer seiner Existenz wird am wenigsten Beachtung zuteil. Die Auswirkungen seiner der eigenen Handlungen bleiben oft unbewusst und man wundert sich eher später darüber, wie dies oder das zustande kam. Derjenige Die Person, von der alles ausgeht, lässt sich selbst am meisten außer Acht. Da kümmert man sich lieber um sein Auto und schaut, dass es bestens gepflegt wird. Tankt nur den besten Treibstoff und vergisst kein Service. Der eigene Körper wird jedoch tagtäglich vernachlässigt oder sogar gänzlich ignoriert. Ungesundes Essen, schlechte Luft, zu viel Stress, kaum Bewegung und wenig Schlaf. Man gibt den Ablenkungen von wirklich wichtigen Bereichen, die meiste Aufmerksamkeit.

Jeder von uns hat die Allmacht über sein Handeln und bestimmt damit sein Wirken in dieser Welt. Warum tut man es aber nicht? Macht sich lieber von den Meinungen anderer abhängig, täuscht und tarnt, um irgendwie über die Runden zu kommen. Lässt zu, dass andere bestimmen, welche Richtung seine die eigene Entwicklung nimmt, anstatt es selbst zu entscheiden.

Jede Stunde, jeden Tag, könnte man durch die richtigen Entscheidungen und die daraus folgenden Handlungen, sein Leben verändern. Die Entschlüsse, die wirklich maßgeblich sind, werden aber jedoch meist nie gefasst. Höchstens beim Jahreswechsel, um schlussendlich im Laufe des Jahres wieder verworfen zu werden.
Nimm dein Leben selbst in die Hand, wie es so schön heißt. **In no time it could be fine!**

Beziehungskiste

Unter Partnerschaft versteht man unter anderem eine gleichzeitig sexuelle und soziale Gemeinschaft zwischen zwei Menschen.

Hört sich eigentlich sehr einfach an, kann aber oft durch das Verkomplizieren dieses Lebensbereiches schwer gelebt, geschweige denn nachhaltig aufrechterhalten werden. Das Versagen einer Beziehung mündet leider meistens in einer gegenseitigen Schuldzuweisung, um die eigene Unfertigkeit nicht reflektieren zu müssen.

Eine grundlegende Vorgehensweise könnte aber immer helfen:

Dem anderen sein „Selbst" zu gewähren, ist sicherlich eine große Herausforderung dabei. Da man es für sich selbst beansprucht, ist es nur rechtens, dass man es auch seinen Mitmenschen zuteilwerden lässt.

In unserem zwischenmenschlichen Miteinander, sollte es selbstverständlich sein, den anderen so zu lassen wie er ist. Die Eigenheiten, wie mein Gegenüber Dinge betrachtet oder mit ihnen umgeht, machten es ja schlussendlich zu dem Wesen, das man genau wegen diesen Attributen liebgewonnen hat. Obwohl es in unserer Gesellschaft üblich ist, dem Partner seine eigenen Vorstellungen aufzudrängen, stellt dies ein Fehlverhalten dar, dass man sich unbedingt abgewöhnen sollte. Zwingt man dem anderen seinen Willen auf, hat das nicht nur eine negative Auswirkung auf die gegenseitige Wertschätzung, sondern auch auf die Rollen, die dadurch verteilt werden. Beides ist wenig hilfreich für eine harmonische Partnerschaft. Der eine fühlt sich unterdrückt, der andere als Peiniger. Oft der Klebstoff, der langlebige Beziehungen ausmacht, aber nicht etwas, das angestrebt werden sollte. Da man dadurch sein Gegenüber immer mehr zu sich selbst formt, verliert man es als „Visavis". Ein Partner mit eigenständiger Persönlichkeit ist jedoch essentiell für eine intakte Beziehung. Eine ausgewogene Balance sollte implizieren, jedem die Freiheit zuzugestehen, sein Leben so zu leben, wie er oder sie es wünscht.

Auch die in unserem Sprachgebrauch häufig verwendete Wir-Identität schließt uns als einzelne Individuen, die eine Partnerschaft leben, aus. Durch den Austausch von „ich" mit „wir", geht der Raum für individuelle Erfahrungen verloren. Somit wäre das häufig verwendete „Wir" eher ein Indikator für eine Co-Abhängigkeit, die sich in als „Liebe" tarnt.

In der Ehe heißt es so schön, dass man seinen Partner, sowohl in guten wie in schlechten Zeiten ehren, lieben und wertschätzen soll. Mehr oder weniger bedeutet es, jemanden so zu akzeptieren wie er ist. Wenn mein Gegenüber nur mehr eine Kopie meiner selbst ist, geht jeglicher Sinn von Zweisamkeit verloren. Da könnte ich ja gleich mit mir selbst alleine bleiben. Die Diversität macht das Leben erst spannend, schön und aufregend. So wie die guten Seiten eines Partners, sind auch dessen schlechten im Kaufpreis inbegriffen. Obiges findet auch auf die eigene Person Anwendung. Um den negativen Strömungen richtig zu begegnen, sollte eine gewisse Art von Durchlässigkeit angestrebt werden. Einer Kraft mit Druck zu begegnen, erzeugt hingegen immer nur einen Stau und löst die angespannte Situation keinesfalls auf. Das Problem bleibt somit bestehen.

„What you resist you get!" Das Gegenteil, wie wir es aus der „Reverse Psychology" kennen, bekommt universelle Anziehungskraft.

Eine Trennung wäre in solchen Fällen das einzig Richtige. Ein Fortbestand solcher Verbindungen würde auf lange Sicht nur zu seelischen Verletzungen führen, bei seinem Liebsten und sich selbst.

Kooperatives Miteinander sollte den natürlichen Zustand in einer Beziehung darstellen. Ein Verbund gegeneinander ist leider oft der Alltag. Krankhafte Egozentrik statt gesunder Empathie. Und bitte seid Euch gewahr, der „Beziehungskiller Nummer Eins" ist der so oft unterschätzte Alltag. Dieser wird jedoch meist als Ursache ignoriert. Erst wenn man vor lauter offenen Zahnpasta Tuben jemanden im wahrsten Sinne des Wortes nicht mehr „riechen" kann, offenbart er sich.

PS: Nur für Daniel, einem Freund und Weggefährten auf der Reise des Lebens: **Versuch sie jeden Tag ein bisschen glücklich zu machen** und hadere nicht mit dem Unmöglichen.

Der Gutmensch

Ein guter Mensch zu sein, nicht ein Gutmensch.
Diesen Anspruch an sich selbst sollte jeder von uns
haben.

Der typische Gutmensch ist immer dann zur Stelle,
wenn andere in Not sind. Dies jedoch vorwiegend
um sich selbst zu profilieren und für sich und
andere gut dazustehen. Das hilft zwar seinen
Mitmenschen auch, ist aber nicht die echte
Herausforderung. Ohne eigennützige Motivation zu
helfen und dabei nicht im Rampenlicht zu sein, ist
selbstlose und ehrliche Hilfestellung. Ein wahrhaft
guter Mensch und eher lobenswert.

Unzählige „Seelen" sind tagtäglich in Not, werden
aber nicht in Medien und deren News als Unglück
des Tages verkauft. Im Stillen und unbeobachtet
von der Allgemeinheit, leiden sie dahin, ohne den
Drang ihr Unglück nach außen zu tragen.
Wo sind die vielen Gutmenschen, wenn dort Not
an der Frau oder Mann ist? In den Spitälern, den
Altersheimen, den vielen dunklen Wohnungen,
jede für sich eine Art kleines Gefängnis, das man
selbst absperrt. Bedrückende Hilfeschreie, die nie
nach außen dringen und deshalb auch kein Gehör
finden. Niemand da! Einsamkeit und Not in
Millionenauflage.

In solchen Fällen manchmal ein guter Mensch zu
sein, ist ein Geschenk für Betroffene. Hier zeigt
sich der wahre Samariter! Selbstlos für andere da
zu sein macht den Unterschied. Das Leid der
anderen für sich selbst so schamlos zu benutzen,

finde ich persönlich zynisch und mehr als fragwürdig.

Mehr darüber zu schreiben beabsichtige ich nicht. Der Mohr zieht sich zurück, hat seine Schuldigkeit getan.

Wir sind, wer wir sind, weil wir nicht versucht haben, wer anderer zu sein.

Der Weg hindurch ist der Weg hinaus.

Negative Gefühlszustände, wie Traurigkeit, Aggression, Ärger, in manchen Fällen aber auch Liebe zu verdrängen, liegt in der Natur des Menschen. Man wählt meist den Weg des geringsten Widerstandes. Es ist eine irrige Annahme, dass sich das Überleben leichter gestaltet, wenn man „unerwünschten" Emotionen einfach aus dem Weg geht.

Eine gesunde Streitkultur verlangt die Auseinandersetzung, um Dinge zu klären. Zu streiten ist jedoch für viele von uns ein nicht leicht erlebbares Miteinander. Man glaubt es kaum, auch wenn es um Liebe geht, scheiden sich die Geister. Nicht verletzt zu werden, ein gängiges Motiv. Man erliegt dem Trugschluss, dass es einem besser geht, wenn man bestimmte Regungen außen vor lässt. Da sich diese unterdrückten Gefühle nicht von selbst in Wohlgefallen auflösen und sich immer mehr aufstauen, schleppt man diesen „Seelenmüll" für alle Zeit mit sich herum.

Jegliche zukünftige Aktivität wird unbewusst dadurch belastet und eingeschränkt. Dieser Ballast drückt auf den Körper, nimmt stetig zu und resultiert schlussendlich in realen physischen Schmerzen. Auch beeinflusst er das fragile Verhältnis der Dualität in einem beträchtlichen Ausmaß.

So wird beispielsweise bei Vermeidung von Trauer

gleichzeitig auch Freude blockiert. Je mehr man das negative Gefühl unterdrückt, desto weniger kann man auch das positive Pendant davon empfinden. Diese Tatsache hat man selten auf der Rechnung.

Gefühlszustände, die einem Lebenssituationen abverlangen, geduldig auszuleben - sie sozusagen zuzulassen, ist die richtige Art damit umzugehen. Die Auseinandersetzung damit hat zwar anfänglich einen unangenehmen Beigeschmack, bringt aber auf Dauer gesehen, Ausgeglichenheit, Seelenfrieden, Freude, Liebe und Glück.

Das Leben so zu nehmen wie es ist, sich Problemen zu stellen und nicht vor ihnen davonzulaufen, stärken dich und machen dich auch selbstbewusster.

An irgendeinem Punkt wird es für dich Normalität und die widrigen Stimmungen sind dann leichter zu schultern.

Wahre Gefühle, echt erlebt, machen Leben erst aus.

Einsamkeit

Im wahrsten Sinn seiner Bedeutung, sind wir immer allein. All(immer)eine. Wenn man geboren wird, ist man es. Wenn man stirbt, auch. Zwischendurch, immer wieder, ein Aufbäumen der Illusion von Zweisamkeit.

Wenn man das große Glück hat, einen Freund oder einen Partner (noch besser, wenn es dieselbe Person ist) als Gegenüber zu haben, fällt es einem leichter, diesen natürlichen Zustand des Alleinseins zu ertragen. Das Austauschen von Ideen, das Teilen von Erlebtem, all das, was das Zwischenmenschliche ausmacht, gibt uns das Gefühl des intensiven Seins oder Lebens. Meistens jedoch leider nur Schnittstellen im menschlichen Gefüge.

Man könnte meinen, dass jegliche Art von Beziehung eigentlich nur ein imaginäres Miteinander ist. Gemeinsame Aktivitäten täuschen dir Zweisamkeit lediglich vor.

Wenn man das Alleinsein verstehen und akzeptieren lernt, hat man schon viel erreicht. Die gefühlte Schwere der Einsamkeit wird leichter. Lüge wandelt sich in Wahrheit. Ganz genau betrachtet, ist dieser Zustand omnipräsent.

Das Austauschen der eigenen Sicht mit jener von anderen, nennt man Kommunikation, Beziehung, Ehe, Freundschaft oder Familie. Den Austausch von körperlicher Nähe, Sexualität oder Zärtlichkeit.

Bei Egozentrikern ist es offenkundig, da sie ihr Gegenüber nicht wirklich wahrnehmen. Fehlende Empathie wirkt sich so aus. Nur ihre eigenen Bedürfnisse zählen. Auf andere wird keine Rücksicht genommen. In der Zweisamkeit einsam zu sein, ist sehr oft die Beschreibung vieler, die in einem solchen Zwiespalt leben. Die Betroffenen fühlen sich nicht wahrgenommen. Ein authentes Gefühl sozusagen.

Mit der existenten Einsamkeit umzugehen, fällt einem wesentlich leichter, als der Vortäuschung von Zweisamkeit aufzusitzen. Die Lüge schmerzt unterschwellig fortwährend, die Wahrheit hingegen nur einmal, nämlich dann, wenn man sich ihrer gewahr wird.

Es ist wie es ist.

PS: Seltsamerweise beinhaltet das Wort gemeinsam sowohl „gemein" als auch „einsam".

Etwas - nicht Nichts

Gegebenheiten, die greifbar sind und deshalb wirklich existieren, können erreicht werden. Einbildungen oder Vorstellungen, die es nicht gibt, leider nicht. Nicht krank werden zu wollen, daher ein Unding und deswegen reine Zeit- und Aufwandsverschwendung.
Wenn etwas keinen Bestand hat, kann man weder etwas dafür, noch etwas dagegen tun. Nada!

Obwohl das unumgänglich ist, befasst sich die Mehrheit der Erdbewohner mit Umständen, die eigentlich nicht existieren. Ich habe kein Geld, keine Zeit, möchte nicht, dass mir die Haare ausfallen (hihi) und vieles mehr. Die Erscheinungsformen davon sind mannigfaltig und exorbitant ausgeprägt. Diversität vom feinsten.

In den Medien finden sich zahlreiche Beispiele von „Nicht-Zuständen". Meist wird polarisiert, indem nicht Existentes in den Mittelpunkt gestellt wird, um Gegnerschaft aufzubauen. Gegen das Virus, anstatt für das Immunsystem. Nicht gegen die Krankheit zu schreiben, sondern darüber, was man alles tun könnte, um die Gesundheit zu erhalten.

„Nein" ist auch das Wort, das Kinder am häufigsten nach „Mama" und „Papa" lernen. Verneinungen prägen sich offensichtlich in unsere Köpfe ein.

Einige Zeit später im Leben möchte man nicht alt werden. Anti Aging verwendet die Werbeindustrie marktschreierisch an jeder Ecke. Warum nicht einfach „Pro Young"? Das Jugendliche zu erhalten ist der bessere Ansatz. Geistig jung zu bleiben, obwohl man altert, ist etwas Greifbares. Nicht alt werden zu wollen, vergebene Mühe. Freizeit ist mein Begehr, anstatt nicht in die Arbeit zu wollen.

Auch ganz wichtig zu erwähnen ist der Umstand, dass gegen etwas zu sein, immer Gegendruck erzeugt. Da das Postulieren eines „Nicht-Zustands" immer ins Leere greifen lässt, wird positive Lebensenergie für etwas verschwendet, das in der Realität nicht zu verwirklichen ist. Der erreichbare Zustand wird dadurch negiert. Das „Nicht" ist stets negativ gepolt und eher destruktiv behaftet.

In positiver Stimmung geht alles viel leichter von der Hand. Außerdem setzt man sich mit Erfreulichem viel lieber auseinander.

Deshalb nie nicht, nichts!

Existenz

Das Wort Existenz bezeichnet in der Philosophie das Vorhandensein eines Dinges ohne nähere Bestimmung, ob es sich um einen materiellen oder ideellen Gegenstand handelt.

Wenn ich etwas sein möchte, brauche ich es nur zu tun und es wird unabänderlich zu einer realen Existenz. Tun ergibt eine reelle Erscheinungsform des Seins.

Die meisten Menschen glauben, dass es genügt ihrer Existenz einfach nur ein „Bildchen" zu verpassen und dass das zur Schau stellen davon, ihnen zu einer greifbaren Identität verhilft. Sie lassen dabei aber außer Acht, dass in Wirklichkeit ihr Tun sie definiert. Ihre Handlungen machen den wesentlichen Unterschied. Bezeichnungen wie Vater, Mutter, Kind etc. sind zwar geburtsbedingte Gegebenheiten, lassen aber nicht automatisch Rückschlüsse auf den wahren Zustand der Beziehungen zu. Man ist nicht gleich eine gute „Sestre" aufgrund der Bezeichnung. Erst ihr Handeln definiert sie als solche. Tun ergibt Sein!

Ehemann oder Ehefrau ist man nicht nur auf dem Papier, sondern erst durch tagtäglich liebevoll gelebten Umgang miteinander. Sprich, ihre Handlungen machen Eheleute aus, nicht der Wisch, der sich Heiratsurkunde nennt.

Ein Verkäufer, der seine Kunden hintergeht, ist kein Verkäufer, sondern ein Betrüger! Noch prekärer ausgedrückt, ein Vater der sein Kind sexuell nötigt, ist kein Erziehungsberechtigter, sondern ein Vergewaltiger. Diese Liste könnte noch endlos fortgesetzt werden.

Die Handlungen, die du setzt, machen dich zu der Person, die du entweder nie sein wolltest oder zu derjenigen, die du angestrebt hast. Es liegt ganz an Dir!

Zu schauen und beobachten macht den wesentlichen Unterschied zu bloß Gehörtem oder Gesagtem. Jemand kann den ganzen lieben Tag lang über seine Person labern, um sich selbst besser darzustellen. Die Beobachtung seiner Handlungen geben dir letztlich Aufschluss darüber, wer er, oder genauer ausgedrückt, wie er wirklich ist. Das Wortwörtliche ist dehn- und interpretierbar. Es sagt nicht viel darüber aus, um sich ein Bild von einer Person machen zu können. Man kann schließlich alles behaupten und sich so darstellen, wie es einem selbst gefällig ist.

Das ist die Hauptursache, warum so viele Menschen zwischenmenschlich auf die wortwörtliche Schnauze fallen. Sie hören, was jemand sagt, lesen, was jemand schreibt und glauben daran. Dort, wo man wirklich hineinleuchtet und schaut, was jemand tut, erfährt man den wahren Charakter einer Person. Meistens dann auch erst den von engsten Freunden oder nahen Familienangehörigen.

Wie oft hört man, dass man dies oder das einer bestimmten Person nicht zugetraut hätte. Was

macht sie nicht immer so einen „netten", sehr höflichen Eindruck? Gedruckt auf Blüten.
Die Wahrheit zeigt oft ein gänzlich anderes Gesicht. Individuen verstellen sich, täuschen und tarnen.

Die wahre Natur seines Gegenübers zu erkennen, ist kein einfaches Unterfangen und resultiert in Enttäuschung, wenn Falschgeld als echt betrachtet wurde. Ich möchte hier auch nur festhalten, dass das Beobachten der Handlungen immer Rückschluss auf die wahre Identität zulässt.

Das Gesehene kann man nicht so leicht manipulieren wie das Gesagte.

„Sein oder Schein", ist hier die Frage. „Look don't listen", die Antwort.

Führ mich zum Schotter

Geld regiert die Welt!

Stimmt so gesehen nicht wirklich. Geld an und für sich tut von sich aus rein gar nichts! Es ist immer eine Person, die damit etwas macht. Die Wahrheit wäre dann eher, dass Menschen mit viel Geld die Welt bestimmen.

Schnöder Mammon ohne Wert. Bloß ein Blatt Papier, sonst nichts. Dennoch wird ihm so viel Macht und Einfluss zugeschrieben.

Es ist, ganz einfach gesehen, ein Tauschmittel. Hier die Ware, dort der Austausch dafür. Wenn du ihm hinterherläufst, wird es schnell zu der berühmten Karotte, die immer vor dir baumelt und deswegen unerreichbar ist.

In Wirklichkeit bestimmt unser energetischer Zustand die Handlungsfähigkeit eines Menschen. Geld spielt im Grunde eine nebensächliche Rolle und wird demnach in unserer Gesellschaft sehr überbewertet. Der energetische Zustand der Person bestimmt seine Handlungsfähigkeit und damit auch seine finanzielle Situation. Ob jemand seine eigenen Ziele mit den nötigen finanziellen Mitteln, sprich Energie, belebt oder sabotiert, hängt davon ab, ob er dazu energetisch in der Lage ist.

Die richtigen Entscheidungen zu treffen und die

daraus resultierenden Handlungen auch zu setzen, das wird deinen Finanzfluss bestimmen. Nicht der alleinige Wille zu „Schotter" zu kommen. Damit will ich nicht behaupten, dass überhaupt keine Aufmerksamkeit daraufgelegt werden sollte.

Der Fokus sollte aber nicht auf Geld gerichtet sein, sondern auf die Aktivitäten, die den Zaster bringen. Sie sollten auch noch Freude bereiten und die Erfüllung einer Vision beinhalten. Hast du auch noch ein gutes Produkt vor Augen, Hingabe für deine Tätigkeit, wird das Finanzielle für dich nicht wirklich ein Problem sein.

Zu beachten ist auch, dass Kapital sich immer dort ansammelt, wo es sich bereits befindet. Gib nie alles ganz aus und fang an es anzuhäufen. Lege immer etwas auf die Seite und lasse es „wachsen". Wie schon öfters erwähnt, ist es einfacher, einen Zustand aufrechtzuerhalten, als ihn wiederzuerlangen.

Denke nicht materiell, sondern habe das erreichbare Produkt vor Augen. Zufriedene Kunden zählen und nicht wieviel du an ihnen verdienst. Nicht die Kohle ist das Um und Auf, sondern wieviel Herzblut und Leidenschaft du einbringst, um deine Träume zu verwirklichen. Die Energie, die du bereit bist dafür aufzubringen, ist der Knackpunkt.

Leider sind Menschen nicht mehr gewohnt, auf etwas Erreichbares hinzuarbeiten, da unsere Gesellschaft erwartet, dass alles ständig zur Verfügung steht. Das Individuum als Konsument abgestempelt. Konditioniert durch die andauernde Gehirnverschmutzung (Gehirnwäsche wäre eine Reinigung der Verschmutzung) der Werbeindustrie. Die Gepflogenheit erst zu arbeiten, Geld zurückzulegen, um sich dann etwas zu leisten, ist heutzutage beinahe ausgestorben.

Leicht zu erlangendes kurzfristige Quantität hat mehr Wert, als langlebige, hochwertige Qualität.

So wie im wirklichen Leben bringt unser Blut, all das Notwendige dorthin, wo es gebraucht wird.

Deshalb ist dein energetischer Zustand so ausschlaggebend.

Gedankenspiele

Ist es eher, „Ich denke also bin ich", oder nicht wahrscheinlicher, „Ich bin also denke ich"? Was also zuerst, das Huhn oder das Ei? Die ewigen Fragen der intellektuellen Gilde.

Quantenphysiker behaupten: Der Beobachter erschafft durch die Beobachtung eine Veränderung in der Realität.

Erst durch die gegebene Aufmerksamkeit wird Realität zu Wirklichkeit! Alles abhängig vom Betrachter. Unglaublich, aber quantenphysikalische Gegebenheit.

Bis jetzt haben wir alle angenommen, dass wir immer Effekt vom Physischen, also Wirkung von einer Ursache sind. Jetzt auf einmal soll alles anders sein? Wir selbst postulieren uns in den Effekt. Wenn wir Wirkung von etwas sind, haben wir uns dies sozusagen selbst kreiert. Eine Art von Selbstbefriedigung. So fallen wir beispielsweise faktisch in die Grube, die wir uns selbst gegraben haben, um uns dann darüber zu mokieren.

Auch ohne Quantenphysik habe ich schon sehr früh durch Beobachtungen erkannt, dass jeder von uns in seinem selbst erschaffenen Universum lebt. Diese individuellen Universen überlappen und interagieren durch Schnittstellen miteinander.

Ich bin also denke ich. Alles, was ich so betrachte, wird für mich zur Realität. Alles, was ein Anderer so betrachtet, für ihn. Mittels Kommunikation erreicht man Übereinstimmung in der Betrachtung. Dies führt zu einer gemeinsamen Wahrnehmung der Welten.

Dem Prinzip des Karmas kommt nun die richtige Bedeutung zu. Nicht eine andere nebulöse Macht oder ein in die Jahre gekommener Richter, schafft dann ausgleichende Gerechtigkeit, sondern ich selbst bin es durch meine eigenen Erschaffungen. Wirklich sehr gerecht!

Ein breites Grinsen macht sich breit.

Dieser Erkenntnis nach kann es beides sein und hängt von der jeweiligen Perspektive ab. Für den einen ist es das Ei, woraus ein Küken entschlüpft. Für den anderen, das Huhn, welches ein Ei legt.

Jeder so wie er es möchte. „Por favor"!

Welten tun sich auf.
Der Ursächlichkeit sind nun keine Grenzen gesetzt.

Das Leben schlussendlich ein Spiel.

Geistige und körperliche Gesundheit

Gesundheit wird, auf den einzelnen Menschen bezogen, meist als Zustand des körperlichen und/oder geistigen subjektiven Wohlbefindens aufgefasst

Seelisches und körperliches Wohlergehen ist das wichtigste Gut, das man hat, findet jedoch kaum Beachtung. Erst, wenn es abhandengekommen ist, erlangt es wieder wesentliche Bedeutung. Gesundheit, Glück und Liebe und so manches mehr, sind zwar völlig umsonst, aber gleichzeitig unbezahlbar.

Hier folgt nun eine geraffte Beschreibung von Befindlichkeiten, die eine Unausgeglichenheit von Körper und Seele aufzeigen.

Krebs: Jemand aus dem persönlichen Umfeld agiert wie ein „bösartiges Geschwür" und die eigene Immunität ist zu geschwächt, diese Attacken abzuwehren.

Magenprobleme: Geistige Belastungen, wie Stress oder Sorgen, liegen unverdaut im Magen und üben Druck aus, der als Schmerz empfunden wird.

Rückenschmerzen: Seelischer Ballast, den man nicht mehr tragen oder ertragen kann.

Hautprobleme: Man kann sich vor äußeren

Angriffen nicht mehr schützen und ist ihnen hilflos ausgeliefert.

Entzündungen: Reibungspunkte aufgrund von Auseinandersetzungen, die nicht gelöst werden können.

Übergewicht: Man futtert sich eine Schutzschicht an, um äußeren Abwertungen besser zu begegnen.

Leber-, Nieren- und Darmbeschwerden: Zu viele negative Einflüsse, die man über diese Entgiftungsorgane nicht mehr verarbeiten kann. Zum Beispiel Alkohol, Abwertungen, Liebesentzug, um nur einige Beispiele zu nennen.

Persönlichkeitsveränderungen: Dein persönliches Umfeld akzeptiert dich nicht so, wie du bist.

Gesundheit ist ein natürlicher Zustand, Krankheit hingegen nicht. Irgendetwas hat diese Harmonie in ein unausgewogenes Verhältnis gebracht. Diese Disharmonie gilt es zu finden, die Balance wiederherzustellen.

„Wenn Worte wie Schläge sind", ein Buch, das jeder besitzen und gelesen haben sollte.

Kränkungen, die verletzen, machen krank!

Um dieses Kapitel positiver zu beenden, möchte ich „Lachen ist gesund", hinzufügen.

Hamsterrad

Ohne uns darüber wirklich bewusst zu sein, bewegen wir uns unser ganzes Leben lang in einem Käfig, ausgestattet mit einem Bett, einem Kasten und einem ganz tollem „Laufrad". Vergleichbar mit einem Marathon, laufen wir stetig hinter einer virtuellen Absperrung im Kreis. Eine 42,2 Kilometer-Strecke als Synonym für ein Menschenleben.

Betrachtet man das Ganze näher, ist sehr gut zu beobachten, dass die Teilnehmer im Grunde ihres Herzens auch nicht viel anders aus der Wäsche schauen als jene, denen wir tagtäglich auf der Straße begegnen. Gehetzt durch Zeit, angetrieben von jedweder Motivation, laufen sie durchs Leben mit panischem Gesichtsausdruck, als ob sie vielleicht etwas versäumen könnten.

Der Käfig findet seine Begrenzungen in den individuellen Betrachtungen des Einzelnen, die er über sein Dasein im Leben anstellt. Freiheiten sind durch Erziehung und Bildung auf ein Minimum reduziert.

Die meisten Individuen jagen vorrangig dem Geld hinterher, um für sich und ihre Lieben ein besseres Überleben zu ermöglichen. Vergessen aber oft darauf, nicht selten ihr ganzes Leben lang, einfach mal loszulassen und ihre Existenz zu genießen.

Im alljährlichen Urlaub liegen sie sinnentfremdet herum, mit der Hauptmotivation sich in der Sonne zu bräunen. Wenige, kommen überhaupt auf die

Idee, ihre Freizeit für außergewöhnliche Unternehmungen zu nützen. Viele lassen sich danach aufgrund zu viel gemeinsam verbrachter Zeit scheiden.

Sieht man sich als Zuschauer einen Marathon näher von außen an, bekommt man ein gutes Gefühl dafür, wie sich diese Personen hinter der Absperrung fühlen. Getrieben von der noch zu absolvierenden Wegstrecke und der ablaufenden Zeit, bewegen sie sich mehr oder weniger schnell dahin. Jeder für sich, angespornt von seinem höchsteigenen Motiv. Verkrampft und angestrengt ist der Ausdruck in ihren Gesichtern.

Betrachtet man sein eigenes Empfinden darüber näher, stellt man fest, wie sich ein befreites „Gott sei Dank", nicht daran teilzunehmen, breitmacht.

Man ist sogar froh darüber, nicht Teil dieser Geschichte zu sein. Belächelt jene fast von oben herab, da sie ja noch nicht wissen, dass sie die Karotte nie erreichen werden.

Für viele mag es der ultimative Kick des Erreichbaren sein, für mich hat es trotzdem einen masochistischen Beigeschmack.

Dass man auch selbst in einem goldenen Käfig sitzt, ist einem in diesem Moment gar nicht bewusst. Nur mit Abstand betrachtet, könnte man es sehen.

Man hätte die Freiheit, sein Leben selbst zu bestimmen und könnte seine eigenen

Entscheidungen treffen. Einfach den Tag, Tag sein lassen und erfreuliche Dinge tun. Überlegungen, die es wert wären, überlegt zu werden, anstellen, um aus dem tagtäglichen Trott auszubrechen. Der Blick in die Gesichter der Teilnehmer des Marathons vermag in der Entscheidungsfindung eine große Hilfestellung sein.

Als Rechtfertigung (gefertigtes richtig) wird ganz häufig die Phrase „dass das Leben nun einmal so sei", verwendet. Meist machen alle mit, ganz wenige gehen hinter die Abzäunung und betrachten es von außen. Rechnungen, die zu bezahlen sind, bringen sie ganz schnell wieder in die „Spur".

Die Werbeindustrie mit ihrem Vier-Farben-Glanzdruck, gaukelt uns vor, wie gut wir es in unserem „ach so tollen Leben" haben.

Wenn man einen Hamster im Käfig beobachtet, welch tristes Dasein er fristet, denkt man sich selbst vielleicht, wie gut man es eigentlich hat. Eigentlich?! Man schaut aus einem Käfig auf einen anderen und denkt sich beruhigt, dass man – Gott sei Dank - nicht so leben muss.

Traurigkeit macht sich breit.

Heilung

Heilung bezeichnet den Prozess der Herstellung oder Wiederherstellung der körperlichen und seelischen Integrität aus einem Leiden oder Krankheit, oder die Überwindung einer Versehrtheit oder Verletzung durch Genesung.

Eigentlich eine sehr eindeutige Angelegenheit. Eindeutig, aber nicht gleich einfach. Zu viele „Wahrheiten" kursieren rund und um Krankheiten und ihrer Heilung. Manche setzen auf Schulmedizin und deren Medikamente, andere schwören auf Esoterik oder Globuli. Zu viele Meinungen, wie man die Gesundheit erhält, verderben den Brei. Der Glaube an die jeweilige Vorgehensweise spielt dabei eine nicht zu vernachlässigende Rolle.

Die Kraft der Selbstheilung wird in den meisten medizinischen Richtungen außer Acht gelassen. Glaube ich daran, wirkt es. Einbildung ist kein Ersatz dafür. Richtige Überzeugung ist der Stoff (Impfstoff), der den Unterschied zwischen ersehnter Heilung oder immer wiederkehrenden Leiden ausmacht. Einbildungen und Vorstellungen machen hingegen eher einen Hypochonder aus dir.

Über „Homöopathie" wird behauptet, dass die angewandten Mittelchen selbst zwar wirkungslos, jedoch der alleinige Glaube daran schon den Berg versetzt. Warum dann nicht gleich die mögliche Ursache bestätigen und ohne Umweg über drei Ecken heilbringende Erkenntnis finden? Dem geistigen Part davon sollte endlich die ihm zustehende Aufmerksamkeit zuteilwerden.

Die Wurzel einer Pflanze ist der Versorger für das Blatt.

Aus aktuellem Anlass möchte ich nur kurz anmerken, dass im Umgang mit dem „Corona Virus" die Aufmerksamkeit eher auf das Negative (Angst und Schrecken) gelenkt und somit der eigentliche Schutz des Menschen, das Immunsystem, eher in Mitleidenschaft gezogen und geschwächt wird.

Wissenschaft und Medizin sind leider materiell orientiert. Hoffnung und Zuversicht zu verbreiten wären hilfreicher. Warum werden simple Methoden nur, weil sie kein Cash akquirieren, ignoriert und vernachlässigt?

Wie so oft, wird wieder ein Effekt bekämpft. Die Bevölkerung sollte aufgeklärt, gebildet und nicht immer für zu dumm gehalten werden. Eigenverantwortung ist der richtige Weg. Politiker sollten nicht Angst schüren, sondern für das Gemeinwohl entscheiden.

Ein starkes Immunsystem ist der wahre Freund der Gesundheit und wird oft nicht mal erwähnt.

Gesundheit ist ein so wichtiges Gut des Menschen. Ohne sie ist fast alles andere nicht erlebenswert.

Es sollte nicht nur der Welt der Medizin überlassen werden, darüber zu richten und zu werten. Jeder einzelne von uns sollte zumindest grundlegend darüber Bescheid wissen und deshalb wäre eine Aufnahme dieses Gebietes in unser Bildungssystem unbedingt notwendig.

Zudem sollte Psychologie mehr in den Bereich der Medizin eingebunden werden. Dem Verwoben-Sein der Seele mit der Gesundheit und ihre Auswirkung bei der Heilung von Krankheiten muss mehr Beachtung zuteilwerden.

Der Placebo Effekt ist zwar bekannt, wird aber nicht näher untersucht, weil das Produkt „Glaube" keine Gewinnmaximierung für Pharmaindustrie und Aktionäre bringt. Warum die Krankenkassen sich dieses Themas nicht näher annehmen, ist mir total unverständlich, da dies maßgeblich zur Kostenreduzierung beitragen würde. Wenn der Placebo-Effekt nach Ansicht von Fachexperten über ein Drittel des Gesamten ausmacht, könnte es zumindest eine Überlegung wert sein. Mehr Forschung in dieses Gebiet von beteiligten Professionalisten unabdingbar.

Wir schreiben das Jahr 2022, nicht 1984!

Kranksein sollte tunlichst vermieden werden. Dies hört sich jetzt ein bisschen unrealistisch an, weil ja niemand etwas dafürkann, wenn er erkrankt. Zum einen ist es leichter, einen existierenden Zustand aufrechtzuerhalten als ihn wiederzuerlangen und zum anderen sollte jeder sein Wohlergehen durch einen gesunden Lebenswandel und durch Achtsamkeit präventiv positiv beeinflussen.

Allein durch den Umstand, dass man seiner Gesundheit mehr Aufmerksamkeit schenkt und nun verstärkt versucht gesund zu bleiben, anstatt nicht krank zu werden, stellt eine grundsätzliche Änderung der Betrachtungsweise dar.

So wie man seine Pflanzen mit Wasser und Licht versorgt, ist auch die eigene Gesundheit zu pflegen und zu hegen. Sie ist nicht selbstverständlich oder Gott gegeben.

Präventiv auf seine Gesundheit zu achten, ist einfacher als Krankheiten zu heilen.

Da Kränkungen krankmachen können, schadet es nicht, sich gegen Abwertungen und Verletzungen zu stärken.

65 Jahre lang gesund und munter auf der Welt, kann ich bewiesener weise behaupten, dass der Spruch „Ein gesunder Geist hat einen gesunden Körper", stimmt.

Man ist nicht nur seines Glückes Schmied!

Hints

Gelingen ist das positives Ergebnis seiner Bemühungen.

Ohne gewisse Tugenden und Fertigkeiten wird dir ein erfolgreiches, ausgeglichenes und erfülltes Leben wohl versagt bleiben. Hoffen, Bangen und ein selbstüberzeugtes „Mal schauen", bringen dich wohl kaum ins gelobte Land. Auch dein Glauben daran wird die Arbeit, die zu tun ist, weniger bis gar nicht erledigen. Wenn ich glauben will, bin ich in der Institution, allgemein hin als die Kirche bekannt, besser aufgehoben. Mach dir nichts vor und halte lieber inne, bevor du ausziehst, um die Welt zu erobern, mitten am Weg aufgibst oder schlussendlich doch versagst.

Beharrlichkeit und Geduld

Den Weg zu Ende gehen. Nicht aufgeben, sondern standhaft bleiben und sich nicht unterkriegen lassen.

Bildung

Lerne jeden Tag dazu. Dies dient nicht nur der Auseinandersetzung mit Neuem, sondern auch der persönlichen Weiterentwicklung. Lesen und Lernen erweitern den Horizont und man erhält dadurch den notwendigen Weitblick.

Abgrenzung

Fürchte nicht, jemandem in einer gerechten Sache weh zu tun. Distanziere dich von demotivierenden Miesmachern. Energievampire saugen nicht nur positive Lebensenergie, sie blockieren auch dein kreatives Potential.

Verantwortung

Sei dein eigener Ratgeber!
Deine Verantwortung, dein Leben! Das "Um und Auf" von schöpferischer Qualität. Sei die Lösung des Problems und nicht das Problem! Sei dein eigenes Vorbild.

Visionen

Alles andere ist vollkommene Makulatur, wenn du nicht einer, nämlich deiner Bestimmung, folgst. Ist das Ziel nicht deines, kann auch der Weg nicht richtig sein. Handlungen in die falsche Richtung sind völlige Zeitverschwendung. Das Leben ist viel zu kurz und wichtig, um sich mit Ersatzaktivitäten abzuquälen. Sei bereit, die Arie zu singen, die dir das Leben abverlangt!

Mut

Sei mutig und nimm auch mal Risiko. Lasse auch Fehler zu und lerne daraus. Wer sie vermeiden möchte, erntet Stillstand. Weiterentwicklung und Fortschritt bleiben dir versagt.

Fleiß und Konsequenz

Mach dir nichts vor, nur wer stetig und hart

arbeitet, wird es zu etwas bringen. Atme und lebe deine Berufung. Sei besser als andere!

Überzeugung

Sei von dir überzeugt. Bist du es nicht, sei bereit, an deinen Schwächen zu arbeiten. Fachliche Kompetenz stärkt dein Auftreten zusätzlich.

Gegenwart

Im Zeitfenster der Gegenwart bist du den entscheidenden Schritt voraus. Ein wichtiger Vorteil für dich. Somit bist du im Jetzt, dort wo das Leben stattfindet.

Hingabe

Wenn sie fehlt, lass es sein. Kompromisse zu schließen, ist halbherzig und deshalb ungenügend. Deine Bemühungen werden scheitern und die daraus resultierende Disharmonie hemmt dich in all deinen Bemühungen.

Initiative

Die Bereitschaft zur Knochenarbeit und das stete Bewältigen von Hindernissen säumen diesen, deinen Weg.

Nicht der Weg ist das Ziel, sondern der Weg führt zum Ziel!

Im Einklang

Das Immunsystem ist das Abwehrsystem biologischer Organismen gegenüber fremde Substanzen oder Lebewesen.

Eine Autoimmunerkrankung liegt vor, wenn sich das eigene Immunsystem gegen körpereigene Strukturen richtet.

Wenn man obige Definitionen auf sich einwirken lässt, sieht man schon ganz genau, woraus die „feinstoffliche" Struktur der Träume gewebt ist. Kann man sich gegenüber äußeren Einflüssen erwehren, bleibt man Dank eines unversehrten Zustandes gesund. Kränkt man sich hingegen, kann der Körper dadurch erkranken. Im schlimmsten Fall der Fälle, richtet sich das eigene Immunsystem gegen die gesunden Zellen. Man könnte meinen, solange man mit sich im Reinen ist, ist alles gut. Wird man jedoch in seiner Selbstsicherheit durch äußere Umstände verunsichert, wendet sich das Blatt.

Daraus schließe ich, wie wichtig und essentiell eine intakte Abwehr ist. Wie das Raketenabwehrsystem eines Landes, das Gebiet vor Invasion und gegen Bombardierung schützt, ist auch unser Immunsystem ein wirksamer Schutz gegen jegliche Angriffe von außen. Auf das geistige Universum übertragen bedeutet es, eine starke Psyche ist immun gegen körperliche oder verbale Angriffe und bildet deshalb die Basis von Gesundheit.

Diese gilt es zu fördern und zu stärken. Kaum jemand ist sich darüber bewusst und noch weniger wissen Bescheid.

Die Atemübung von Wim Hoff, ergibt für mich Sinn und hat meine volle Unterstützung. Atmen fördert die Konzentration und bringt Ruhe in das System.

Die Konfrontation mit Kälte halte ich auch für eine gute Vorgehensweise, um mein Immunsystem zu fordern und es dadurch zu stärken.

Kälte fühlt sich an wie Schmerz und die tägliche direkte Auseinandersetzung damit (zum Beispiel kalt zu duschen) wird meine Widerstandsfähigkeit stärken und meine Fähigkeit körperliches Leid auszuhalten, aufbauen. So kommt jemand anhand dieser Methodik mit Schmerz in Berührung, ohne sich dabei einer wirklichen Gefahr aussetzen zu müssen. Die Bereitschaft sich Konflikten zu stellen wird dadurch maßgeblich gesteigert.

Fröhlichkeit und ein funktionierendes Immunsystem stehen auch in einem wechselwirkenden Zusammenhang – es heißt ja nicht umsonst:

„Lachen ist gesund"!

Interesse im Abverkauf

Unter Interesse versteht man die kognitive Anteilnahme respektive die Aufmerksamkeit, die eine Person an einer Sache oder einer anderen Person nimmt.

Doch in letzter Zeit mehrt sich mein Eindruck, dass jegliche Bereitschaft dazu fast gänzlich verloren gegangen ist.
Wir leben in einer Gesellschaft, in der das Darstellen des alltäglich Erlebten in den Mittelpunkt des Interesses gerückt ist. Früher war es gang und gäbe, sich für Dinge zu interessieren und sich mit ihnen ausgiebig auseinanderzusetzen. Jetzt genügt es bereits, jeglichen Alltagskram in Social Media zu dokumentieren. Das Versenden von „Dick Pics" ist dabei nur einer der „kulturellen Höhepunkte" dieser dekadenten Zurschaustellung. Vor lauter „Schau ich kann und schau ich kann auch!", ist niemand mehr wirklich interessiert.

Man muss immer mehr zum Besten geben, um in den Blickpunkt des Interesses zu gelangen. In einer Art Wettstreit des sich gegenseitigen Übertrumpfens. Ein sich Überbieten in Offenlegungen von Intimitäten beinahe ohne moralischer Hemmschwelle. Gefangen in diesem virtuellen Perpetuum Mobile hat man natürlich kaum Zeit, seine eigenen Interessen zu verfolgen.

Aufmerksamkeit im Ausverkauf des Zeitgeistes. Jeder will sie, niemand hat sie!

Echte soziale Beziehungen entstehen aus einer Wechselwirkung von Geben und Nehmen in Balance. Die „Ich, die Gier alles mir" Attitüde ist im gesellschaftlichen Konsens und allgemein anerkannt. Gängige Medien sind Teil dieser traurigen Geschichte im alltäglichen Wettstreit um die so begehrten Likes. Der Untergang der Titanic, gefüllt mit aus der Mode gekommener Empathie und verloren gegangener Aufmerksamkeit. Kurz angeklickt, bewertet, kaum wahrgenommen und schon wieder vergessen.

Echt erlebtes Leben, es mit seinen Lieben zu teilen, Face to Face, eine Art steinzeitliches, verstaubtes, „Old School" Gehabe. Wahre Anteilnahme und Mitgefühl als Verlust abgebucht, ein virtuell und unpersönliches Like auf der Habenseite am Konto des Lebens gutgeschrieben. Virtueller Schein statt realem Sein!

Wie bei einem Suchtproblem, wo die Menge stetig erhöht werden muss, um denselben Effekt zu erzielen. Ein gesellschaftlicher Teufelskreis, aus dem es so leicht kein Entkommen mehr gibt.

Aufmerksamkeit Junkies soweit das digitale Auge reicht.

Der Drang zu ständigem Posen birgt die Gefahr, sich vollkommen in dieser virtuellen Welt zu verlieren. Die Realität gleitet so vorbei, ohne wirklich daran teilgenommen zu haben. In diesem Darsteller-Syndrom gefangen, ständig bemüht den Augenblick festzuhalten, anstatt ihn zu erleben, verlernt man das Leben als Wirklichkeit wahrzunehmen und driftet in eine digitale Scheinwelt ab.

Die „Schau ich kann Müsli" Generation, wie ich zu sagen pflege. Man „spammt" sich gegenseitig mit alltäglichen Oberflächlichkeiten virtuell zu.

Das bislang bewährte „Wie geht es dir?", bleibt dabei auf der Strecke, weil es ja über die vielen Bildchen ohnehin schon dokumentiert wurde. Kaum fertig angeschaut, folgt auch schon der nächste Post.

Sein wird zu Schein. Realität unwirklich und nebulös.

Intuition

Aus dem Bauch heraus

Ich verstehe darunter all das, was unüberlegt und spontan aus meinem unbewussten Ich entspringt, deswegen authentisch ist und sich mir sowie meiner Umwelt so offenbart.

Um diese schöpferische Qualität zu leben, braucht es Hingabe und ein gewisses Maß an Vertrauen in sich selbst und anderen.

Es ist ein Zustand, der sich wie von selbst ergibt und nicht durch mein Zutun beeinflusst wird. So ähnlich wie die Liebe aus dem Nichts auftaucht und auch nicht von mir ursächlich beeinflusst werden kann. Man kann sie sich zwar einreden, sie wird davon aber nicht wahrer. Etwas Eingebildetes kann zwar geglaubt, aber unmöglich gefühlt werden.

Natürliches Handeln aus dem Intuitiv lässt sich bei Kindern noch sehr gut beobachten. Wenn sie spielen, mit Freude an der Bewegung, endloser Energie, kaum zu bremsen und all das ohne Aufforderung und Hilfestellung. Ein unbedarftes Agieren ohne Schutzschild und Selbstzurückhaltung. Einfach aufs Geratewohl darauf los.

Eingeschränkt vom Erwachsenen, der seine

eigenen anerzogenen Muster unbedarft weitergibt, anstatt sich seiner wirklichen Verantwortung als Vorbild zu besinnen. Durch diesen unbewussten Eingriff in die natürliche Spontanität geht meist jegliche Intuition verloren. Dies zu verhindern erfordert viel Feingefühl in der Erziehung und die Bereitschaft, seine Kinder wohlbehütet und authentisch aufzuwachsen zu lassen.

Vergangenes Versagen, eingebläute Vorgaben und das Unterdrücken von Begabungen, führen oft zu Blockaden und diese wirken sich hemmend auf die Intuition aus. Das Ausleben dieses natürlichen Zustandes des Seins, hängt leider sehr stark davon ab, ob, beziehungsweise wie weit, die Person bereit ist, von bestehenden Mustern loszulassen, um dadurch frei von Einschränkungen agieren zu können. Oder in anderen Worten, das „sagenumwobene" Bauchgefühl zu reanimieren.

Um wieder mehr aus dem Intuitiv heraus handeln zu können, muss es fleißig geübt werden. Natürlich entsteht jetzt Unsicherheit, wo vorher Sicherheit war. Aber lieber unsicher mehr ich selbst, als stabile erzwungene Automatismen, die gesellschaftlich blendend auf jedem Tanzparkett glänzend funktionieren, aber empathische Mängel und Lücken aufweisen. Lieber aufrichtig zu sich selbst, anstatt politisch korrekt angepasst.

Steter Tropfen höhlt den Panzer!

Ja, Mrs. Waterford!

„The Handmaid's Tale", eine US-amerikanische Serie, stellt eine passende Veranschaulichung der verschiedensten Problemstellungen dar, die sich in unserer Gesellschaft widerspiegeln.

Die Me Too Bewegung, zum Beispiel, ein berechtigter Aufschrei der Frauen, mit dem sie sich öffentlich Gehör verschafft haben. Bedauerlicherweise ist es jedoch, wie schon so oft, nicht gelungen eine endgültige Gleichstellung zu erlangen. Das weibliche Geschlecht wird damit abgespeist, dass es nicht „en vogue" ist, vergewaltigt oder sexuell belästigt zu werden. Bis vor kurzem, könnte man meinen, war dies noch ohne Fehl und Tadel. So wie es sich bislang anmutet, ist nun alles wieder in Ordnung und der Weltfrieden wiederhergestellt. Getäuscht und betrogen. Keine Gleichstellung bei Gehalt oder Karriereplan auf Augenhöhe. Noch immer wie immer. Männer bestimmen weiterhin wo es langgeht. „Grab her by the pussy".

Ich selbst, Sohn einer Mutter, finde es beschämend, wie mit Frauen trotz all ihrer Bemühungen weiterhin umgegangen wird. Meine Sicht der Dinge: Männer spielen in der Sandkiste Krieg, während die „Säulen der Erde" auf den Schultern der Frauen lasten.

Ähnliches widerfährt auch gerade der schwarzen Bevölkerung in den USA. Sie erhält zwar die Zustimmung der Öffentlichkeit, dass ihr Leben ab sofort auch etwas zählt, doch stellt sie das in

Wirklichkeit noch lange nicht gleich. Wieder einmal Gleichbehandlung? Denkste! Es tut einfach der Seele weh zu hören bzw. zu lesen, wie mit Grundrechten oberflächlich und perfide umgegangen wird.

In den Serien „The Handmaid's Tale" und „Little Fires everywhere" wird genau aufgezeigt, wo „deren" wahrer Platz ist.

Hallo, wir schreiben das Jahr 2022! Für die Mächtigen dieser Welt wäre es ein Leichtes, die Geschichte umzuschreiben und den Frauen die langersehnte und schon dringend notwendige Gleichstellung zukommen zu lassen. Auch George Floyd hätte es posthum schon längst verdient, nicht per se der kleinkriminelle Schwarze zu sein.

Wen wundert's, dass sich der lang aufgestaute Hass immer wieder in gewaltsamen Protesten niederschlägt. Nicht genug der Verarsche. Einerseits flammt zwischendurch empathisches Verständnis auf, andererseits werden rechte Tendenzen gezündelt. „White privilege matters", to say so.

Die Corona Maßnahmen führten auch zu einem erneuten Aufleben der „Blockwart Mentalität". So manch einer fühlt sich berufen, für Recht und Ordnung selbst zu sorgen. Eher ein Rückschritt, als ein Vorwärts in die richtige Richtung.

Alle ins rechte Lager und nächste Woche ab ins Linke. Stetes Hetzen - diese Woche gegen die Veganer und nächstes Monat gegen die

Fleischesser. Die Politik schließt sich an oder ist auch dagegen. Ambivalent wie immer, auf keiner Seite wirklich, außer auf der eigenen und wie so oft im Lager der „Mächtigen".

Immer wieder ein sich hinten in die Schlange einreihen und warten oder auf eine sich irgendwo im Nirgendwo anbahnende Veränderung hoffen.

Karma

Das in Form der Wiedergeburt eines Menschen bestimmendes Handeln bzw. das durch früheres Handeln bedingte gegenwärtige Schicksal.

„Bist du gut zum Universum, ist das Universum gut zu dir", ist einer von meinen Leitsätzen, die mich bis Dato ganz gut vorangebracht haben.

Genauer betrachtet, bedeutet es für mich, bist du wohlgefällig zu deiner Umwelt, ist sie es auch zu dir. Dies impliziert, dass das Universum dir nur dann wohlgesonnen ist, wenn du gut zu anderen bist. Vize Versa. Be nice to nice people! So gesehen, hat man es selbst in der Hand, sein Leben angenehm zu gestalten.

Ein ganz wichtiger Aspekt, der jedoch häufig nicht beachtet wird, ist jener, da du ja selbst auch Teil des gesamten bist, natürlich mit dir selbst auch menschlich umgehen solltest. Einfach gemeint, sei ein umgänglicher Mensch, der mit sich (immer) und anderen (meistens) liebevoll umgeht. Da der Homo Sapiens angeblich ein soziales Wesen ist, hat mir der berechtigte Zweifel daran, sehr oft geholfen, zwischenmenschlichen Tiefschlägen aus dem Weg zu gehen.

Auswirkend betrachtet, wird dem Gebiet rund um das Karma, nicht zu verwechseln mit Kamasutra, eine nicht unwesentlich wechselwirkende Rolle in jedermanns (Sorry, Gendern liegt mir nicht wirklich

- hatte immer schon eine Art natürlicher Affinität zur Gleichberechtigung, sodass es mich noch immer befremdet, es extra zu erwähnen) Leben zugeteilt. Nur wenn man reinen Herzens durchs Leben schreitet, hat man die nötige Selbstachtung, um sich selbst ein positives, zukünftiges Sein zu gönnen. Man vermeidet viel unnötiges Leid.

Sicherlich meine ich damit nicht dieses, in den gängigen Medien zur Schau gestellte, übertrieben zelebrierte „Schau, was bin ich nicht für ein toller, netter Zeitgenosse Gehabe". Nice Try! Das Universum lässt sich nicht günstig stimmen. Ganze Volksgruppen aus den verschiedensten Kulturkreisen versuchen es. Mit Täuschung oder gar Selbstbetrug, das Schicksal zu ihrem Vorteil zu biegen. Ein scheinheiliges Gebet hie und da, ein leicht von den Lippen kommendes „Tut mir leid", um als gut und anständig dazustehen. Wie bitteschön, sollte dieser Pflanz das mächtige und unendliche Universum täuschen? Dich nicht deiner gerechten Strafe zuzuführen? Man kann sich selbst zwar über Jahre belügen, das Universum springt sicher nicht auf diesen Zug auf. Es ist unerbittlich und glasklar. So wie du mir, so ich dir. Ohne „Leo". Alle deine Ein-und Ausreden kannst du dir aufzeichnen. Schlussendlich erntet man das, was man sät.

Auf alle Fälle finde ich es ausgleichend gerecht und auch gerechter als jegliches Grundrecht!

PS: Was das Universum ist, habe ich zwecks „Selbsterkenntnis" extra nicht entschlüsselt.

KI

Künstliche Intelligenz, ist ein Teilgebiet der Informatik, welches sich mit der Automatisierung intelligenten Verhaltens und dem maschinellen Lernen befasst.

Obwohl, kann man noch von künstlicher Intelligenz sprechen, wenn man den Menschen und sein Handeln näher betrachtet? Wäre nicht natürliche Dummheit viel zutreffender? Ein Raunen im geschätzten Publikum macht die Runde. Es ist nicht eine Person damit gemeint, nein es sind die Maschinen, die wir kontrollieren und besitzen.

Ist es aber in Wahrheit nicht fast so weit, dass wir dümmer als die Maschinen geworden sind? Dass sie mittlerweile größtenteils unser Leben bestimmen, ist ein unbestreitbarer Fakt. Natürlich denken wir noch, dass es anders ist. Wenn ich aber schauend unterwegs bin, beobachte ich immer öfter Leute, die unentwegt auf dieses kleine Gerät glotzen, das sich Smartphone nennt. Das Internet der Dinge hat es mittlerweile geschafft, uns dahingehend zu beeinflussen, pausenlos auf Werbungen, die mit Unterhaltung angereichert wurden, zu starren. Diese „Smombies" sind nur ein Spiegelbild der Auswüchse unserer Abhängigkeit von elektronischen Hilfestellungen. Fast jeder versucht mittlerweile über Facebook, Instagram und Konsorten seine sozialen Kontakte zu pflegen. Unterwirft sich dadurch dem schnöden Mammon des Rampenlichts, um auch einmal einen Lichtstrahl davon abzubekommen. Suggerieren mir nicht inzwischen alle meine technischen Hilfsmittel Anweisungen, die ich dann brav ausführe? Sozialer Kontakt ist es mit Sicherheit nicht!

„Halbautomatisierte Primaten" ein selbst-kreierter Begriff, der fallweise meinem Intuitiv entspringt.

Der Mensch ist nach der biologischen Systematik eine Art der Gattung Homo aus der Familie der Menschenaffen, die zur Ordnung der Primaten und damit zu den höheren Säugetieren gehört. (Weisheit aus Wikipedia)

Da bin ich wenigstens einmal konform mit der gängigen Meinung.

Statt Diversität nur noch monotone Oberflächenkultur.

Oh Schreck lass nach!

Killerinstinkt

Eine Art von Verhalten, um einen Vorteil für sich selbst zu erlangen, ohne Betrachtung oder Zweifel, dass es einem anderen weh tun könnte.

Mein Anliegen in diesem Kapitel ist keine Aufforderung, asozial zu werden. Nein, ich möchte damit nur aufzeigen, dass es in bestimmten Lebenssituationen notwendig sein kann, diesen Urinstinkt abzurufen. Damit meine ich, dass ich jeglichem Widersacher, der mir Schaden zuzufügen möchte, entschieden entgegentrete. Wenn notwendig, trete, im wahrsten Sinn seiner Bedeutung. Den Aggressor zu neutralisieren ist die Absicht dahinter.

Es ist eine erwiesene Tatsache, dass soziale und intelligente Wesen, es im Leben viel schwerer haben, da ihnen dieser ureigene Instinkt fehlt. Ein vernünftiger Mensch verabscheut Gewalt und versucht sie zu vermeiden. Harmonie ist ihm viel erstrebenswerter. Wenn ich die Entscheidungsfreiheit habe, sicher die bessere Wahl.

Der geistig „robustere" Typ tut sich wesentlich leichter, da es ihm mehr oder weniger in die Wiege gelegt wurde, rücksichtslos und gefühlsmäßig abgestumpft zu agieren.

Persönlich finde ich es schade, aber in manchen Situationen des alltäglichen Lebens, ist es jedoch unumgänglich, auch eine Art von Selbstverteidigung parat zu haben.

Natürlich nur in bedrohlichen Situationen und damit körperliche Verletzungen vermieden oder abgewendet werden können. Auch erst dann, wenn ein klärendes Gespräch nicht möglich war.

In unserer heutigen Gesellschaft kommt es leider immer häufiger vor, dass Mitmenschen den Blick von Gewalt abwenden, anstatt helfend eingreifen. Sogar vor partnerschaftlichen Beziehungen, Freundschaften oder Familien macht diese Verhaltensweise „Nur nicht einmischen" oder „Geht mich nichts an", nicht Halt. Der vielzitierte Kampf der Geschlechter, die tagtägliche Konkurrenz im Job und vieles mehr, zeigen dies immer wieder auf.

Die Bereitschaft, den Widersacher außer Gefecht zu setzen, ist eine Fertigkeit, welche zu lernen nicht unterschätzt oder vernachlässigt werden sollte.

Nicht um jemanden zu verletzen, sondern um den Angriff auf Leib und Seele abzuwehren und den damit verbundenen körperlichen Schaden abzuwenden.

Das ist der ursprüngliche natürliche Killerinstinkt.

Immer und überall bin ich bereit, den potentiellen Aggressor auf die sprichwörtliche Matte zu werfen.

Diese Sichtweise ist sicherlich nicht jedermanns Sache. Tut mir leid, meine Damen und Herren - unbedingt notwendig bzw. "*feltétlenül szükséges*"!

Kein Mitleid, keine Gefangene - ist mein Standpunkt!

Kommt die Kuh nicht auf die Wiese, kommt die Wiese zur Kuh

Es ist nicht so wichtig, ob man die Kuh auf die Weide bringt, oder schlicht und einfach das frische Gras zur Kuh. Gefressen wird es in beiden Fällen. Was ich damit zum Ausdruck bringen möchte ist, dass es für „Resi", nur wichtig ist, ans Gras zu kommen. Das ist für ihr Überleben essentiell. Natürlich wäre es vorteilhafter für sie, es in ihrem natürlichen Umfeld wiederzukäuen. Schlussendlich aber eine rein menschliche Betrachtung. Besser, schlechter - wer weiß das schon? Optimal wäre, wenn sie überhaupt ganz natürlich leben könnte, unabhängig von menschlicher Hand. Nicht nur gefüttert zu werden, um letztendlich auch als „Futter" zu dienen. Das wäre ein echt unterschiedlicher Ansatz mit wirklicher Bedeutung. Wie auch immer.

Meine (Überlebens)Leitsprüche sind:

Was nicht passt, wird passend gemacht:
Lieber in die richtige Richtung etwas zu unternehmen, als auf dem Problem sitzend die Flinte ins Korn werfen. Untätiges Verlieren sozusagen. Verlust von Energie, Zeit und Ressourcen. Der Spruch, dass „Zeit Geld ist", ist sicherlich davon abgeleitet. Ich bin eher davon angetan, die Lösung des Problems zu sein, anstatt das ungelöste Problem zu verherrlichen.

Geht nicht, gibt's nicht:
An Lebensaufgaben oder –vorhaben so lange zu

arbeiten und nicht aufzugeben, bis die richtige Lösung gefunden wurde. Den Fokus bis zum Abschluss darauf zu legen, ist sicher im Sinne des Erfinders. Nicht einen Schritt vorwärts und zwei zurück, sondern zwei nach vorne und höchstens einen rückwärts.

Aufgeben tut man nur einen Brief:

Dein ureigenes (Hornbach)Projekt ist erst abgeschlossen, wenn es fertiggestellt ist. Bis dahin ist es schlicht und einfach nicht getan, obwohl dir dein Verstand das Gegenteil davon einzureden versucht.

Diese Leitsätze stellen sicher, dass alle deine Ziele und Wünsche schlussendlich umgesetzt werden. Probleme, die sich dir in den Weg stellen könnten, werden proaktiv gelöst. Ein Zyklus nach dem anderen wird abgeschlossen.
Wenn sich am Weg nach rechts nichts bewegt, versuche es mit dem, der nach links abzweigt.

Der Mensch ist diese Art Spezies, die, obwohl ihr die Erfahrung aufzeigt, dass sie falsch liegt, trotzdem genauso weitermacht und dabei hofft, dass die gleiche Handlung ein anderes Ergebnis ergibt. So macht er lieber unzählige Diäten, anstatt einmal seine Ernährung effizient umzustellen. Immer wieder mit dem Kopf durch die Wand.

Wird auch von so manchen als Dummheit bezeichnet.

Damit möchte ich nicht zum Ausdruck bringen, dass Kühe oder Menschen per se dumm sind.

Lieb Vaterland magst ruhig sein

Das Aufhören der Bewegung; Stillstand

Genug ist genug. Sich einmal eine Auszeit nehmen und alles runterfahren.

Das ist das wahre „In der Ruhe liegt die Kraft".

Woher soll die tagtäglich abverlangte Schaffenskraft herkommen, wenn man nicht die dazu notwendigen kreativen Pausen einlegt? Eine Burnout Prävention, bevor man aus dem daraus resultierenden Schaden klug wird.
Wandern in der Natur könnte dabei behilflich sein, alles einmal sein zu lassen. Weg von der alltäglichen Betriebsamkeit, um seine Akkus wieder aufzuladen. Bewegung als produktives Entspannen, nicht um Zeit totzuschlagen oder irgendeiner Fitnessregel zu entsprechen. Etwas zu tun, um den automatisierten Alltag zu unterbrechen, um so Ruhe und Erholung in das überreizte System zu bekommen.

Auch haben wir uns für die Bewältigung der täglich anfallenden Herausforderungen sicherlich einmal eine Auszeit verdient, um Kraft zu tanken und dann gestärkt fortzufahren.

Meistens ist man in seiner To-do-Liste so gefangen, nachdem man endlich alles erledigt hat, was zu erledigen war, so erledigt vom Erledigen ist, dass man zu erledigt ist, einmal darüber nachzudenken und innezuhalten, bevor man gleich wieder weiter macht darüber nachzudenken, was noch zu erledigen ist. Huch, der Gedankengang hatte es in sich! Nur vom Aufschreiben, bin ich schon ganz schwindlig. Dies kann ja nur zu Erschöpfung führen.

Heutzutage ist die Fertigkeit, ganz einfach nichts zu tun, eine seltene Fähigkeit, die es wert wäre sich anzueignen.

Die Angewohnheit, sich andauernd zu beschäftigen, um nicht als faul zu gelten oder gelangweilt zu sein - ein Geist, den man rief und nun so leicht nicht wieder loswird. Ich meine damit auch nicht Yoga oder andere Bestrebungen der Entspannung, wo man erst wieder beschäftigt ist, sondern wirklich nichts zu machen. Das reine Sein, ohne Sinn und Inhalt sozusagen.

Einfach nur bequem und entspannt der Allgegenwärtigkeit zu lauschen, ist uns leider in der heutigen „Wer-rastet-der-rostet-Gesellschaft" völlig abhandengekommen. Ein zerstreutes Etwas, mit der Aufmerksamkeit „all over", das Produkt unseres sehr modernen Zeitgeistes. Warum nicht gleich bequem in der Gegenwart Platz nehmen, da sie ja angeblich so oder so die einzige echte Zeit darstellt? Im Hier und Jetzt zu sein ist auf alle Fälle der Ort, an dem man sich aufhalten sollte.

Mit der Seele baumeln, loslassen und unbekümmert dem Nichtstun frönen.

Lohn der Angst

„Lohn der Angst" ist für mich eine Metapher, sich für die Mühen der allgegenwärtigen Tretmühle zu belohnen und jeden Tag auch ein bisschen an sich zu denken.

Damit möchte ich die allseits bekannte tägliche gute Tat nicht einschränken oder negieren. Sie hat noch immer ihre soziale Berechtigung. Sich selbst dabei jedoch ganz außen vorzulassen, ist der eigenen Person gegenüber sehr unfair. Diesbezüglich wird auch punkto Nächstenliebe ausgeklammert, dass man im wahrsten Sinne des Wortes sich selbst der nächste ist.

Es muss ja nicht immer der andere oder sogar die ganze Welt sein. Ab und zu sollte man ganz einfach nur an sich denken und sich eine kleine Nettigkeit gönnen. Es muss ja nichts Großartiges sein, schon allein die Absicht mal an erste Stelle zu stehen, zählt. Da im Volksmund das Wort „Egoist" als jemand, der nur an sich denkt, ausgelegt und deshalb negativ behaftet ist, kommt der gesunde Egoismus aufgrund dieser Tatsache meist zu kurz. Das Wort „Ego" bedeutet ja lediglich „ich" und hat mit Egozentrik nichts am Hut. Richtig wäre, sich selbst wieder mehr Aufmerksamkeit, Anerkennung und Zuwendung zukommen zu lassen.

Als „Angst" bezeichne ich gerne die ganz normalen „day-to-day" Herausforderungen, die Beruf, Familie und mittlerweile auch schon Freizeit mit sich bringen. Bleibt der Lohn dafür aus, bringe ich das natürliche Yin Yang in Ungleichgewicht. Unausgeglichenheit wiederum führt zu Verspannungen, welchen sich dann der „hauseigene" Masseur annimmt. Wöchentliches Massieren wird zur Abhilfe, um seelische Unausgewogenheit in Balance zu bringen. Rücken- und Nackenschmerzen als Dauergast für unser tägliches Bestreben, das Leben gut zu meistern. Im schlimmsten Fall bringt es uns um den so dringend notwendigen Schlaf und der Teufelskreis nimmt seinen Lauf. Die Auswirkungen auf Stimmung und Antrieb kann sich jeder einzelne selbst ausmalen.

Unbedingte Notwendigkeiten werden verabsäumt und wirken sich direkt in weiterer Vernachlässigung aus. Dem entgegenzusteuern, fällt jedoch immer schwerer, bis äußere Umstände wie Krankheit, Jobverlust, Beziehungsende oder Burnout einen nicht beabsichtigten Stopp setzen.

Da es von den Betroffenen in den seltensten Fällen als Wink des Zaunpfahls erkannt wird, setzt sich der Abwärtssog meist ungebremst fort.

Einfach ein bisschen auf sich selbst schauen, kann viel Ungemach in der Zukunft nicht nur verhindern, sondern auch Raum und Zeit für ein besseres zukünftiges Erleben des Alltäglichen schaffen.

Ein selbst verabreichtes „Motivationsleckerli", könnte man sagen.

Loslassen

Nicht mehr festhalten

Was die meisten in Bezug auf Loslassen gar nicht am Schirm haben ist, wie wichtig es ist, folgendes zu berücksichtigen.

Wenn ich etwas loslassen möchte, muss ich das Objekt meiner Begierde erst einmal zulassen.

Zuerst ein Annehmen der Problematik, das Auseinandersetzen damit und danach das Lösen davon. Das einfache „Du musst nur loslassen, dann geht es dir wieder besser", funktioniert einfach nicht.

Eltern zu sein, ist sicherlich eine der schönsten Berufungen im Leben eines Menschen. Bei Zeiten sollte man jedoch loslassen können, um den Kindern eine Art Selbständigkeit nicht nur zu ermöglichen, sondern diese ihnen auch zuzugestehen. Jeder junge Erwachsene hat, wie man selbst auch, das Recht auf sein eigenes selbstbestimmtes Leben.

Nicht nur Kinder entwachsen aus der Notwendigkeit der Erziehung, auch Eltern sollten ein natürliches Bedürfnis auf Zurückgewinnung ihrer Selbst- und Eigenständigkeit verspüren. Ist dies nicht der Fall, haben sie meist selbst kein eigenes Leben mehr. Sie haben verlernt, aus der „Vater- oder Mutterrolle" wieder zurück ins Selbst zu finden. Das Festhalten an der nun nicht mehr notwendigen Aufgabe erschwert die eigene Situation. Die Kinder fühlen sich durch die nun nicht mehr notwendigen Einmischungen der Erziehenden unverstanden und die Eltern durch das Fehlen der eigenen Identität, fehl am Platz. So oder so, ein Spannungspotential, worunter alle Beteiligten unnötig leiden.

Ähnlich ist es bei der Trauer durch den Verlust eines geliebten Menschen. Nicht zu trauern verbaut die eigene zukünftige Gefühlswelt, da dadurch der Gegenpol Freude belastet wird. Sich mit dem Tod oder dem Sterben auseinanderzusetzen, ist nicht wirklich eine einfache Kost, die einem da serviert wird. Ist jedoch unumgänglich, da man Traurigkeit zuerst zulassen soll, um dann loslassen zu können.

Dinge, die man nie angenommen hat, kann man deswegen nicht loslassen. All dieser „geistige Müll" kumuliert und wirkt mit der Zeit immer stärker auf Körper und Seele ein. Erst wenn der Schmerz oder Druck unerträglich wird, lenkt man ein und wagt einen vorsichtigen Versuch des „Müllentsorgens".

Zuerst wird der Arzt konsultiert. Wenn der jedoch fragt, wie es einem psychisch geht, wird man vor die Wahl gestellt. Man kann es sich nun aussuchen, ob man weiter Schmerzmittel einnimmt oder lieber gleich einen Therapeuten aufsucht.

Man sollte dabei jedoch beachten, dass eine Therapie zeitintensiv ist und sich das Auseinanderdividieren von aufgestauten psychischen Belastungen schwierig gestalten kann.

Auch mit Hilfe von außen ist es mittlerweile schon kompliziert geworden, Licht ins Dunkle zu bringen. Eine anfängliche Verkomplizierung der Verwirrung nicht selten.

So wie ein Überladen des Fahrzeuges es im Vorwärts hemmt, führt die Anhäufung von geistigem Ballast zu Trägheit und eingeschränkter Beweglichkeit. Im schlimmsten Fall der Fälle endet es in Depression und man schafft es kaum noch aus dem Bett.

Beizeiten damit anzufangen, den Müll zu entsorgen noch keinem wirklich geschadet hat.

Bevor man es nicht mehr (er)tragen kann.

Lüge

Eine falsche Aussage, die bewusst gemacht wird und jemanden täuschen soll.

Meiner Meinung nach, wird zumeist unbewusst gelogen, was jedoch in keinster Weise zu rechtfertigen ist.

Wo Wahrheit existiert, findet Lüge kaum Halt. Das bedeutet im Umkehrschluss wo Lügen dominieren, kann sich die Wahrheit nur schwer durchsetzen. In ganz prekären Fällen wird Lüge zur Tatsache und die Wahrheit zum Fake.

Dies begründet sich im erheblichen Ausmaß in der Natur des Menschen. Recht und Unrecht stellen starke Feind- und Leitbilder dar. Soziale und anerzogene Verhaltensweisen tun ihr Übriges. Im Volksmund nennt man es gerne „Schönfärben" und wird oft manipulativ oder zur Verdrängung eingesetzt. Ein wichtiges Faktum ist, dass dadurch eine Umkehr der ursprünglich richtigen Wahrnehmung stattfindet. Aus Positivem wird Negatives und umgekehrt. Am meisten wird jedoch gelogen, um sich selbst etwas vorzumachen. Dies merkt man leider oft erst sehr spät im Leben. Sich einzugestehen, einer Lebenslüge aufgesessen zu sein, erfordert viel Mut und Konsequenz im Umgang damit. Ständige Selbsttäuschung kostet sehr viel Energie, die man stattdessen lieber positiv für sein Leben nützen sollte. Da solche Fehlansichten auch noch kumulieren, wird im Laufe der Zeit eine Handhabe fast unmöglich.

Die Muster, die man dabei entwickelt, sind zeitraubend und mehr und mehr persönlichkeitsentfremdend. Ein energetisch schwarzes Loch sozusagen.

Das Grundübel an dieser Misere ist die Unwahrheit. Sie muss, manchmal sogar bis in den Tod, verteidigt werden. Menschen, die versuchen solche Lügenkonstrukte aufzudecken, werden bis aufs letzte mit verbalen Tiraden verunglimpft. Es wird an ihrem Sachverstand, ihrer Integrität und sogar an ihrem Charakter gezweifelt.

Dass der Mensch eher zum Lügen neigt, macht es nicht gerade leichter. Die Rechtschaffenheit bleibt meist auf der Strecke. Dazu kommt auch noch erschwerend der Fakt, dass jeder von uns seine eigene Wahrnehmung hat. Objektivität scheint dadurch ein fast unmögliches Unterfangen zu sein. Einen Ansatz für eine Lösung dieser so schwierigen Thematik könnte man in der eigenen Wahrheitsfindung und der Toleranz der Ansichten anderer finden.

Meiner Erfahrung nach, setzt sich leider die Unwahrheit fast immer durch. Eine Lüge hat auch deswegen so viel Macht, weil sie durch ihre freie Erfindung kaum entkräftet werden kann. Es ist in vielen Fällen ein nicht existenter Zustand, der nicht beweisbar ist. Der mögliche Zweifel daran macht den essentiellen Unterschied. Unter der Last der Unsicherheit wird meist der Unwahrheit Glauben geschenkt. „Im Zweifelsfall für den Angeklagten", sagen die Geschworenen. Eine einfache Behauptung nagt so lange an dem wahren

Sachverhalt, bis dieser schlussendlich zusammenbricht. Deswegen setzen sich toxische Persönlichkeiten, wie von mir im Kapitel „Poison Ivy" beschrieben, fast immer gegen das Gute durch. Hinzukommt, dass sich der Getäuschte auch oft nicht eingestehen kann, dass er hintergangen wurde. Dies stärkt leider den Blender. Schade und traurig, ist jedoch so. Selbst Bescheid zu wissen schützt.

Ehrlichkeit erfordert Mut. Die Lüge entspringt sehr oft aus Angst, gepaart mit Feigheit. Viele Menschen neigen eher zur Feigheit, da sie sich der Scham als Lügner entlarvt zu werden, nicht aussetzen wollen. Solche Individuen machen sich lieber ihr ganzes Leben lang etwas vor und glauben schlussendlich selbst daran. Sie leben in ihrer selbsterschaffenen Realität, abgekoppelt von der Welt, die wir als wahr empfinden.

Wahrheit befreit von der Last der Lüge. Sie schmerzt zwar zeitnah beim Erkennen des Betruges, bei der Unwahrheit hingegen leidet man so lange, bis die ursprüngliche Unversehrtheit der eigenen Wahrnehmung wiederhergestellt ist.

Die Täuschung ist der Span, der unserer Seele in die Haut getrieben wird. Der daraus resultierende Vertrauensverlust in einem Nahverhältnis schmerzt noch zusätzlich.

Es ist leichter Leute zu täuschen als sie davon zu überzeugen, dass sie getäuscht wurden! Mark Twain

Lust und Schmerz

Wenn, aus welchem Grund auch immer, einem Menschen die Lust abhandenkommt, nimmt an ihrer Stelle der Schmerz bequem Platz. „Show it is, Honey Bunny".

Er ist gekommen um zu bleiben. Dieser Tausch ist den meisten von uns jedoch gar nicht bewusst.

Unsere Gesellschaft, die so viel Wert auf Vielfältigkeit legt, beschränkt sich hier thematisch selbst, indem sie Lust mit sexueller Begierde gleichgesetzt. Man lässt dadurch außer Acht, dass auch viele andere mögliche Formen des Lustgewinns existieren. Gut essen gehen, ein Buch lesen, sich bewegen, Freude bereiten, Musik hören und vieles mehr.

Das Prinzip der Dualität wird wieder einmal vollkommen ignoriert. Auf der einen Seite der Münze ist Schmerz, auf der anderen Lust. Man hat die Qual der Wahl.

Vom Schmerz geplagt, greift man viel lieber zum Medikament, als sich das komplizierte Aufdröseln des Schmerz-Lust-Geflechts anzutun. Von Leid gepeinigt erscheint es vielen schier unmöglich, dieses kompliziert anmutende Konstrukt in Angriff zu nehmen. And so it begins.

Gewinnt der Schmerz zunehmend die Oberhand, ist es leicht nachzuempfinden, dass die Betroffenen alles daransetzen, diese Qualen endlich loszuwerden und dabei leider jeglicher

Raum für andere Bedürfnisse verloren geht. Ein Übel, dem man ab sofort für alle Zukunft vollkommen hilflos ausgesetzt ist.

Der wesentliche Schritt aus dieser Misere wäre, dass man diese Abwärtsspirale mit einer extra Anstrengung in die gegensätzliche Richtung bewusst durchbricht. Man zwingt sich quasi selbst, sich trotz Schmerzen angenehmen Dingen zu widmen. Wie so oft im Leben, muss man wieder einmal den „inneren Schweinehund" überwinden. Ein äußerst schwieriges Unterfangen, da einem Gedanken und Empfinden ständig suggerieren, dass das angestrebte Bedürfnis auszuleben, im Widerspruch zu seinem Gefühl steht. Dies ist nicht nur wider seine Natur, es kommt einem auch vollkommen sinnlos und falsch vor.

Das Verstehen dieser misslichen Situation kann helfen, sich selbst zu motivieren, obwohl der persönliche Antrieb dazu fehlt. „Ich habe keine Lust", heißt demnach sehr oft, „Ich hätte zwar Lust, kann mich dazu aber nicht überwinden". Hat man es jedoch trotzdem getan, fühlt man sich umso besser und freut sich, dem Universum einen Sieg abgerungen zu haben. Den „inneren Schweinehund" zu überlisten, bereitet nicht nur Freude, sondern bringt einem auch das abhanden gekommene Selbstvertrauen zurück. Ein richtiger Gemütsaufheller so zu sagen. Der Demotivation einen Schlusspunkt setzen.

Die ganze Aberration der Causa kommt bei Sadomasochismus vollends zu Tage. Lust verwoben mit Schmerz und Aggression. Man ist am

Ende der Fahnenstange angelangt.
Auch hier bildet „Der Weg hinaus ist der Weg hindurch", den roten Faden, der mich schlussendlich vom Schmerz weg und hin zur Lust führt.

Langsames stetes Steigern der Herausforderungen bringt ein Wiederbeleben der abhandengekommenen Ursächlichkeit mit sich. Jeder noch so kleine Schritt zählt.

Lust statt Frust, mein Wort darauf.

Mein Schrein

Truhe oder Schrank zum Aufbewahren von kostbaren Dingen.

Nachdem die Geisteshaltung, sich vom Universum etwas zu wünschen, mittlerweile schon in die Jahre gekommen ist, haben viele die Erfahrung gemacht, dass es in den wenigsten Fällen funktioniert. Könnte sein, dass bei der Bestellung etwas nicht beachtet wurde und stattdessen nun Amazon den Auftrag erhält. Da ich aber trotzdem dieser Idee gegenüber nicht abgeneigt bin, möchte ich mit dieser Betrachtung einiges klarstellen.

Sich seine Träume zu (er)füllen hat auch wesentlich damit zu tun, dem vorerst nur geistigen Konstrukt, Fülle zu geben. Dadurch nimmt die Vorstellung immer mehr Form an und wird schlussendlich real.

Um meine Wünsche nicht aus den Augen zu verlieren, habe ich mir eine Art Schrein zugelegt und jedem einzelnen Vorhaben ein Symbol verpasst.

Steter Tropfen lässt sie wachsen!

Mindset

Unter Mindset versteht man eine gewohnte Denkweise eines Menschen, welche dafür verantwortlich ist, wie dieser in bestimmten Situationen reagiert.

Verbinde ich obiges auch noch mit dem allseits bekannten Spruch, „Gedanken schöpfen unsere Welt", ist der Salat vollends angerichtet. Einerseits reagiere ich gemäß einem bestimmten Muster, anderseits schaue ich mir selbst zu (oder auch nicht), wie ich mir immer wieder Dinge postuliere, die ich gar nicht haben will.

Ein Programm, wie bei einem Computer, das ohne mein Zutun abläuft. Obwohl ich selbst der Programmierer bin, schau ich tatenlos dabei zu, wie mein Leben aus den Fugen gerät. Dabei bin ich mir nicht im Geringsten darüber gewahr, dass ich die Regeln selbst bestimmen könnte.

Es wäre an der Zeit, seine Gedanken mal bewusst zu beobachten und Feng-Shui anzuwenden. Ein ordentlicher Weihnachtsputz nach altbewährter Art. Die To-do-Liste mal aus der Hand zu legen und mit dem großen Besen über diese Gedankenmuster zu fegen.

Altes ausmustern, um Neues zu schaffen!

Niemand hat das Recht zu gehorchen

Das Recht umfasst alle Regeln zur Konfliktverhütung und -lösung, damit ein geordnetes und friedliches Miteinander möglich ist.

Die meisten von uns leben ihr Leben in einer Spanne, die Erziehung und Gelerntes vorgibt, gerahmt mit dem Gedanken, was andere über sie denken. Kein Millimeter Platz für freie Meinungs- und Entfaltungsmöglichkeit. Wie der Dresscode bei Hochzeiten, bestimmt Political Correctness die öffentliche Meinung und blockiert somit das Recht des einzelnen auf freie Meinungsäußerung.

Während man sich früher Meinungen noch im Schweiße seines Angesichts nach Aneignung und Anwendung von Wissen gebildet hat, lässt man sie heute von Influencern für sich formen. Danach werden sie ganz smart in Sprechblasen wiedergekäut. Geistige Selbstbefriedigung von der Stange. Sinnloses Allerlei aus der Feinkost. Darf`s ein bisserl mehr sein?

Erfahrungen werden nicht gemacht, sondern gebildet.

Kein auf Eigeninitiative aufbauendes Verhalten, sondern immer ein Nachahmen von Vorgaben und deshalb auch ein nicht hinterfragtes Gehorchen. Hannah Arendt lässt grüßen.

Man könnte sagen, die eigene Meinung, die einem schon seit langem abhandengekommen ist, wird von dir selbst vorenthalten.

Die „Alten" als Erfahrungsressource sind überflüssig, gelten als „oldschool", damit ausgegrenzt und ins Ausgedinge abgeschoben.

Wann wird es endlich wieder Sommer, frag ich mich?

Nihil

Philosophische Anschauung das der Nichtigkeit, Sinnlosigkeit alles Bestehenden, des Seienden

Gebe ich meiner Existenz keine größere Bedeutung, hat sie keine. Wenn du darüber die Verantwortung nicht schulterst, wundere dich nicht, wenn das Universum dir damit nicht hinterherläuft. Das, was dir als Sinn und Inhalt noch bleibt, wäre, dass du „Zeug" kaufen sollst, um andere damit reich zu machen.

Nun mal im Ernst. Ein Leben ohne Berufung, Herzblut und Liebe, hat nicht nur keinen Wert, sondern ist somit völlig belanglos.

Das Leben ist einfach zu kurz und kostbar als, dass man es einfach unbesonnen verstreichen lässt. So eine Banalität des Seins saugt den Lebenssaft bis tief in die Wurzeln ab. Der Sinnlosigkeit einen tieferen Sinn für sich zu geben, ist die wahre Herausforderung. Mal ganz ehrlich, im Grunde unseres Herzens wissen wir es alle. Wir sitzen in einem Flugzeug und finden während des Flugs früher oder später heraus, dass es abstürzen wird. Da bleibt gleich der ganze Spaß auf der (Flug)Strecke. Viele von uns leben ein Leben voller Ablenkung von diesem unabwendbaren Fakt. Verdrängen den Tod und somit auch das Leben.

Remember the Coin!

Paradoxon

Einen unauflöslichen Widerspruch in sich enthaltend, der erst nach genauer Betrachtung "Sinn" ergibt.

Ein typisches Beispiel für ein Paradoxon wäre der Satz: „Weniger ist mehr." Die Wörter „weniger" und „mehr" scheinen sich im ersten Moment eindeutig zu widersprechen und somit wäre der Satz damit falsch. Erst wenn man länger über seine Bedeutung nachdenkt, kann seine tieferliegende Wahrheit erkannt werden.

Alles insgesamt nur Betrachtungen – vom jeweiligen Standpunkt abhängig.

Natürlich ist es nicht erquickend, wenn ich mit meiner Familie einen Ausflug machen möchte und es regnet den ganzen Tag. Für den Bauer ist es jedoch positiv, weil er eine ertragreiche Ernte einfahren möchte.

Alles Gute birgt auch etwas Schlechtes. Alles Negative auch etwas Positives.

Jede Münze unweigerlich zwei Seiten hat.

Nicht nur deswegen ist es fast unmöglich, es allen Recht zu machen. Es kommt noch hinzu, dass jeder einzelne von uns, seine höchst eigene Sicht der Dinge hat. Seine Vorlieben und Abneigungen. So wie er das Universum betrachtet. Trotzdem haben sich viele aufgemacht, ihr Leben danach auszurichten, jederzeit allen zu gefallen. Viel Spaß bei dem Versuch, das Unmögliche zu erreichen.

Sein Leben darauf abzustimmen, es dem anderen Recht zu machen, ist nicht nur nicht lebenswert, sondern, nach dem „Internet der Dinge", auch gar nicht möglich. Wenn ich es mir und meinem Gegenüber wechselwirkend angenehm gestalten kann, jedem für sich, habe ich schon viel erreicht.

Geben heiliger denn nehmen ist.

Wer das Paradoxe nicht versteht, wird wohl oder übel, die Wechselwirkungen im Leben nie begreifen!

Poison Ivy

Ob Lügen oder bewusste Manipulation, einer toxischen Person ist jedes Mittel recht, um die eigene Zielsetzung zu erreichen, Meinungen durchzusetzen oder einen Vorteil zu erzielen.

Es gibt Personen auf dieser ach so schönen Welt, die sich auf die dunkle Seite der Macht geschlagen haben. Böse Menschen, um es klar und deutlich auszusprechen. Manipulative Zeitgenossen, die ihre pessimistische Lebenseinstellung wie Gift versprühen und emotionale Spielchen einsetzen, um ihr eigenes Überleben zu fördern.

Das wohlbekannte Anziehen und Abstoßen wird als Beziehungsstrategie praktiziert. Der bewusste Einsatz von Lug und Betrug soll eigene Vorteile schaffen. Dazu ist ihnen fast jedes Mittelchen recht.

Dass Individuen auf ihr Umfeld manchmal einen negativen Einfluss haben, ist ganz normal. Pessimistische, ängstliche Personen färben auf eine unbedarfte Art auf andere ab. Das ist menschlich und geht vorüber.

Toxische Persönlichkeiten hingegen, überlassen meistens nichts dem Zufall und spielen ein ausgeklügeltes System auf Kosten anderer. Meistens im Namen von gut gemeinten Ratschlägen, bestens verborgen und selbst für den kritischsten Blick nur schwer erkennbar. Versteckt hinter „freundlichem" Wohlwollen und mit

gefühllos ausgeführt.
Die Ursachen dieses Verhaltens finden ihre
Begründung zumeist in der Kindheit. Häufig
geprägt von fehlender Zuneigung, traumatischen
Erlebnissen oder häuslicher Gewalt. Diese sehr
früh erworbenen Muster entfalten sich später in
zerstörerischen Gedanken- und Verhaltensweisen,
die ohne Abhilfe meist bis zum Lebensende
Bestand haben.

Es sind Auswirkungen mangelnder Liebe und
Zuwendung der Bezugspersonen. Diese
abweisende Haltung wird, wie bei einem Schwamm
die Flüssigkeit, sprichwörtlich aufgesogen. So lernt
die betroffene Person schon früh, dass sie ihrem
Gegenüber nicht vertrauen kann und mit Kontrolle
besser fährt.

Auch der sogenannte Kontrollfreak findet in diesem
Zusammenhang seinen Ursprung.

Wenn ein Mensch in seiner Kindheit Liebe nie
erfahren hat, kann er mit entgegengebrachter
Zuneigung wenig anfangen.

Er erkennt sie einfach nicht.

Seiner Erfahrung nach bedeutet „elterliche
Zuwendung" körperliche Gewalt, verbale
Abwertung oder Ignoranz. Als Erwachsener gibt er
dieses Verhalten unbewusst an andere weiter.
Das Opfer wird schlussendlich zum Täter. Stößt
sein Verhalten auf Ablehnung, verbirgt er es
zukünftig.

Typische Verhaltensmuster toxischer
Persönlichkeiten:
unehrlich
abwertend
gefühllos
rechthaberisch
grenzüberschreitend
problemfixiert
nachtragend
unreflektiert
krankhaft eifersüchtig
schuldzuweisend
neidisch
uneinsichtig

um nur einige zu nennen.

So wie Gift den Körper schädigt, vergiften verbale
Misshandlungen unterschwellig die Seele. Wenn
man ständig mit „Dreck" beworfen wird, bleibt
immer etwas hängen. Andauernde Kränkungen
machen schlussendlich krank!

Der natürlichen Reaktion, sich einen Panzer
zuzulegen, um weniger verletzlich zu sein, sollte
man nicht nachgeben. Denn was angedacht, um
äußere Übergriffe abzuwehren, verhindert jetzt
natürlich auch, dass Inneres nicht mehr nach
außen dringt.

Sich von toxischen Personen emotional
abzugrenzen, ist das einzige Mittel, das wirklich
hilft. Man sollte den Kontakt auf ein Minimum
reduzieren oder jegliche Beziehung abbrechen.
Sollte dies jedoch nicht möglich sein, ist es

unumgänglich, sich im Umgang mit ihnen, eine gewisse Art von Durchlässigkeit anzueignen. Ihre subtilen Anfeindungen finden keinen Halt und werden neutralisiert.

Der perfiden Art, sich gerne als Opfer zu präsentieren, ist mit äußerster Achtsamkeit zu begegnen und die natürliche Gefühlsregung, Mitleid zu empfinden, sollte vermieden werden.

Mitleiden führt zu mitgefühltem Schmerz und Kummer.

Der nette, liebe, so sympathische Mitmensch, dem man dies oder das gar nicht zugetraut hätte. Unter dem Mantel der Liebenswürdigkeit eine dunkle Triade - kaltblütig, narzisstisch und antisozial.

Solche „Giftspritzen" in die ihnen zustehende Bedeutungslosigkeit zu versenken, ist die einzige wirksame Handhabe!

Power

Gesamtheit der Mittel und Kräfte, die jemanden oder einer Sache anderen gegenüber, um etwas zu erreichen, zur Verfügung stehen

„Wissen ist Macht" hört man oft in unserem Sprachgebrauch. Der wahren Bedeutung ist man sich jedoch oft nicht bewusst.

Würden wir darunter verstehen, dass Wissen durch Erfahrung erprobte Theorie ist, wäre es überhaupt kein Problem. Jeder könnte locker damit umgehen und es für seine Zwecke anwenden. Leider wird es oft mit der reinen Kenntnis von Tatsachen verwechselt, was wiederum abhängig von den Erfahrungen anderer macht. Voller Vertrauen ziehen wir den Hut vor der wissenschaftlichen Autorität. Für den normal Sterblichen ist Wissen somit nicht Macht, sondern Ohnmacht in ihrer reinsten Form. Ohne Macht!

In dem Moment, in dem ich das theoretisch Erlernte in die Praxis umgesetzt und meine eigenen Erfahrungen damit gemacht habe, weiß ich erst.

Wenn wir uns Macht in ihrer Bedeutung und Auswirkung näher veranschaulichen, ergibt sich folgendes Bild.

Einerseits hat der Umstand, Einfluss zu nehmen in unserer Gesellschaft einen negativen Beigeschmack, anderseits ist das Anpassen an Gegebenheiten wesentlich bequemer und in unseren Gefilden schon fast eine Art Mentalität.

Das Auseinandersetzen mit der Wirklichkeit erfordert Mut und Stärke. Nicht jedermanns Sache.

Außerdem erinnert die Konfrontation damit an viel zu viele Situationen, in denen man selbst machtlos war. Einfache alltägliche Begebenheiten, wie die endlose Schlange an der Supermarkt Kassa, dem Regen der wieder einmal das Wochenende versaut, dem Mitmenschen, der immer alles besser weiß, der Strafzettel an der Windschutzscheibe, der Mechaniker, der feststellt, dass die Waschmaschine nicht mehr zu reparieren ist und deren vieles mehr.

Dadurch verbindet man unbewusst den Begriff „Macht" mit der eigenen Ohnmacht in seinem Agieren.

Die Behauptung, dass ich mein eigenes Wirken selbst bestimmen kann, klingt dann schon fast surreal.

Nichtsdestotrotz, kann ich jeden Tag, die notwendigen Entscheidungen treffen, die mein Handeln bestimmen und damit mein Leben in die gewünschte Richtung lenken. Sprich, ich kann mir mein Sein in meiner eigenen kleinen Welt im

Großem und Ganzen selber richten.

Weil ich es schlussendlich selbst in der Hand habe, fühle ich mich wieder autark und wohler in meiner Haut.

Die richtigen Entscheidungen zu treffen, ist dabei die wahre Kunst. Hierzu sollte ich mich bilden und somit schließt sich der Kreis.

Wissen wird zu Tun.

Rechthaberei

Das Richtig-Sein einer Aussage

Wenn ich, in meinem subjektiven Empfinden, der Annahme bin im Recht zu sein, sollte ich auch so viel Verstand und Größe besitzen, nicht unbedingt notwendigerweise, mit jemanden zu streiten, um ihm zu beweisen, dass er oder sie Unrecht hat.

Wie diese Artikulierung schon anmutet, ist es nicht immer einfach damit umzugehen. Recht ergibt sich aus richtig und nicht aus falsch. Subjektive Ansichten anderer sollten nicht in meinem Ermessen liegen. Kann, sollte aber nicht. Für mich zählt nur, ob ich für mich, richtig oder falsch liege.

Diversität macht das Miteinander aus.

Rechthaberei und die damit verbundenen Querelen, sind die häufigsten Ursachen für Beziehungsbrüche. Ehen scheitern, Kinder entfremden sich, Jobs gehen verloren, Freundschaften zerbrechen. Alles nur wegen dem guten alten „Grundrecht" im Recht zu sein.

Sogar so mancher Krieg entstand in diesem Dunstkreis.

Da so oder so jeder von uns seine eigene Richtigkeit empfindet, sollte man dieser Vielfältigkeit vielmehr mit Toleranz begegnen. Lockerheit und Akzeptanz sind gefragt.

Jeder wie er will, sollte die Devise lauten. Tatsache ist, wenn auch nicht wissenschaftlich belegt, umso lauter man sein Recht einfordert, desto eher besteht die Möglichkeit, dass man Unrecht hat. Im Spiegel des Lebens zeige ich mit einem Finger auf den Anderen und mit dreien auf mich.

Leider ist in unserer Gesellschaft Gewalt noch immer zu oft ein probates Mittel, um Unrecht ins Licht der Richtigkeit zu rücken.

Es bleibt unumstößlich, wer Unrecht hat, wird nie Recht haben, auch wenn er noch so stur darauf besteht!

Viele versuchen sich über alles zu erheben, aber es gibt fast niemanden mehr, der einfach mal drübersteht.

Reflexion

Selbstkritisches nachdenken

All das, was du in einem anderen siehst, findest du auch in dir. Im Guten wie im Schlechten.

So betrachtet, könnte man diesen Aspekt des Lebens für die eigene Persönlichkeitsentfaltung dafür einsetzen, sich im Anderen zu spiegeln.

Der Spruch, jemand hält dir einen Spiegel vor, ist von dieser Tatsache inspiriert. Kritisiert man sein Gegenüber für dessen Verhalten, könnte man dies eins zu eins auf sich selbst übertragen und daraus sehr viel lernen.

Unbewusste Muster können dadurch entdeckt und zum Vorschein kommen. Welch ein Juwel der Selbsterfahrung. Natürlich nur dann, wenn man den Mut aufbringt, diesen kritischen Blick auf sein Innenleben zu wagen.

„Wie man in den Wald hineinruft, so hallt es zurück". Auch diese Interaktion trifft in dieselbe Kerbe. Die fehlende Bereitschaft, sich selbst ganz ehrlich von außen zu betrachten, um sich zu bewerten, ist der Knackpunkt, der die Spreu vom Weizen trennt. Nur ja nicht an der glatt lackierten Oberfläche kratzen!

Vielen fehlt auch die Fertigkeit, ohne Voreingenommenheit zu reflektieren. Leider eine zu schwere Kost.

Weiters stellt dieser „geistige Spiegel" auch eine relevante Hilfestellung dar, um leichter mit Kritik von anderen umzugehen. Man könnte die persönlichen Abwertungen ein bisschen gelassener sehen, wenn einem gewahr wird, dass jemand ja nur von sich auf andere schließt.

Ab und zu sich selbst im „Spiegel" zu betrachten, ist sicher eine gute Übung, um sich selbst und seine Mitmenschen ein bisschen besser kennen zu lernen.

Jetzt Du!

Schicksalshafte Wendung

Hörst du's auf zu richten, wird es sich schon richten.

Ich bin mir der Tatsache sehr wohl bewusst, dass diese Andeutung einen Widerspruch zu vielen anderen Behauptungen in dieser Lektüre darstellt. Da meine Betrachtungen über das Leben auf realen Erfahrungen beruhen, will ich diese „Merkwürdigkeit" (sich als würdig erweist, es sich zu merken) nicht unerwähnt lassen.

Das Gefüge des Lebens ist halt nicht immer einfach und geradlinig. Manchmal ist es auch komplex und widersprüchlich. Seien wir ehrlich, sonst wäre es ja eh zu fad, oder nicht?

In diesem Kontext nehme ich mir den Begriff Schicksal näher unter die Lupe. Angeblich eine höhere Macht, die sich menschlicher Berechnung und Einfluss vollkommen entzieht. Unbeeinflusst davon aber maßgeblich unsere Existenz entscheidend bestimmt.

Man sagt ja nicht umsonst: „Fate is a bitch".

Manchmal ist es einfach so, das Leben zeigt dir die Arschkarte. Der Boden wird dir unter den Füßen weggezogen und du drohst in Hilflosigkeit zu versinken.

In deinem momentanen Empfinden bist du dir ja noch nicht bewusst, dass du schlussendlich doch noch den Kopf aus der Schlinge ziehen wirst. So wie es immer war.

Phasen in deiner Existenz, wo du an deine Grenzen stößt und du einfach nicht weiterweißt.

Alles loslassen und sich seinem Schicksal fügen, sollte man für solche Schieflagen immer im petto haben.

Der Phönix, der sich aus seiner Asche erhebt, sozusagen. Altes muss weichen, damit Neues entstehen kann.

Eher eine reine Überlebensbetrachtung!

Schwurbler

Dieser Begriff fand während der Corona Pandemie in unserem Sprachgebrauch eine besondere Verwendung. Er bezeichnet jemanden in abwertender Absicht, der abgehoben jeglicher wissenschaftlichen Realität, seine subjektive Meinung äußert. Früher nannte man solche Menschen schlicht und einfach Trottel. Im heutigen politisch korrektem Umgang ist Schwurbler halt salonfähiger.

Obwohl Wissenschafter auch sehr oft „schwurbeln", versuchen sie sich über diese abwertende Geste, anderen Meinungen gegenüber abzugrenzen. Im Klartext: Jeder, der nicht Mainstream ist, wird als Idiot abgestempelt. Der gesunde Hausverstand hat seine Schuldigkeit getan.

Für mich sind es nicht nur Wissenschafter, die Wissen schaffen, sondern auch all jene Menschen, die sich Wissen aneignen und durch Anwendung sich gewiss werden. Man nennt diesen geheimnisumwobenen Zustand „Erfahrung". Welche angeblich ja auch klug macht. Bildung eben.

Und so ganz nebenbei: Auf kognitive Fähigkeiten gibt es kein Copyright.

Wissenschafter sehr oft von rein hypothetischem Wissen bis zur Potenz ausgereizt daher „schwachsinnen", wie beispielsweise:

Dass wir mit ca. 100.000 km/h durch den Weltraum rasen und dabei Dank Dreiwetter Taft unsere Frisur noch immer sitzt.

Viele Theorien aus der Vergangenheit zeugen von wissenschaftlicher Kompetenz. Wie der Nobelpreisträger Linus Pauling so schön formuliert, „Wissenschaft ist Irrtum auf den neusten Stand gebracht".

Um nur einige Prachtexemplare zu nennen:

Maden entstehen aus verfaultem Fleisch. Die Konturen des Schädels geben Auskunft über den Charakter eines Menschen. Atomenergie ist harmlos. Der hintere Teil des Kopfes ist leer - nein, keine Projektion von sich auf andere! Die Erde ist hohl. Das Beste, wie immer, zum Schluss: Die Erde ist eine Scheibe.

Anders zu denken hat und wird uns auch in Zukunft immer weiterbringen. Sollte nicht mit „schwurbeln" abgetan werden.

Man könnte behaupten, sobald sich etwas nicht im wissenschaftlichen Konsens befindet, wird es als Schwachsinn abgetan. Hier möchte ich anmerken, dass Meinungsfreiheit ein wichtiges Grundrecht ist.

Die meist dicke Hornbrille möge Zeitzeuge ihrer Sehkraft sein.

Seelische Erschütterungen

Belastungsstörung: Starke psychische Erschütterung, die im Unterbewusstsein noch lange wirksam ist.

Ein Trauma ist ein Geschehnis, bei dem Körper und Seele durch physische oder psychische Gewalt nachhaltig verletzt werden. Es hinterlässt einen bleibenden belastenden Eindruck in der Seele. Diese unbewussten Prägungen von Gefühlen, Schmerzen und Geisteshaltungen, können später im Leben durch irgendeinen äußeren Umstand reaktiviert werden und den betroffenen Personen den Eindruck vermitteln, dass sie gegenwärtig so empfinden.

Psychosomatik ist der entsprechende Begriff im Bereich der Psychologie. Der Betroffene reagiert vollkommen unbewusst über diesen Vorgang und zeigt mehr oder weniger betroffenes Verhalten. Man spricht auch von sogenannten Panikattacken.

Ereignisse in der Gegenwart können vergangen Erlebtes auslösen. Sie werden direkt in das gegenwärtige Empfinden eingespeist und deswegen als real empfunden. Leider oft als Einbildung abgetan. Es sind wirkliche Eindrücke, empfunden im „Jetzt", erfahren in der Vergangenheit. Im Kapitel „Wenn die Seele schmerzt" gehe ich darauf näher ein!

Eine Verwechslung von Raum und Zeit.

Sehn(sucht)

Das unabweisbare Verlangen nach einem bestimmten Erlebniszustand.

Wie das Leben so spielt, die Jahre gehen vorüber und so allmählich stellt man fest, dass man sich nicht über die Dinge definiert, die man getan hat, sondern eher über jene, die man nicht getan hat.

Man wollte eine Sprache lernen. Nichts mehr als eine glückliche Familie. Vielleicht ein Buch schreiben. So nach und nach erkennt man, dass man all das nicht geschafft hat. Nichts davon erreicht und man ist das, was davon übrigbleibt.

Ein Überbleibsel von unerfüllten Träumen!

Meiner Meinung nach, sind Abhängigkeiten eine Form von Ersatzhandlungen, womit unerfüllte Sehnsüchte kompensiert werden. Ein Produkt der Verdrängung, mit der man sich die wirkliche Problematik physisch vom Leibe hält.

Drogenabhängige versuchen der Wirklichkeit über eine Scheinwelt zu entfliehen. Workaholics halten sich durch ständige Arbeit beschäftigt, um geschäftig zu sein. Putzgepeinigte versuchen sich ihre Schuld von der Seele zu waschen. Konsumabhängige trachten ihr stumpfes Dasein durch neuen Glanz zu erhellen, Ritzer über Schmerz der leidvollen Realität zu entkommen. Magersüchtige ihr Umfeld zum Kotzen finden. Fresssüchtige legen sich einen dicken fetten Panzer zu.

All dies als Krankheiten abzustempeln, den Betroffenen auch nicht wirklich weiterhilft.

Wenn ich obiges zusammenhängend auf mich einwirken lasse, sind es allesamt sehr zeitintensive, kostspielige und schädliche Aktionen. Obwohl die Ausführung dieser von mir als „Ablenkung vom Wesentlichen" bezeichneten Strategie, sich sehr mühsam gestaltet, beharren die meisten vehement darauf, dass es als ihr frei gewählter Lifestyle akzeptiert wird.

Sind es in Wahrheit nicht eigentlich Hilfeschreie an unsere Gesellschaft, um die eigene Hilflosigkeit aufzuzeigen?

Würden glückliche und zufriedene Menschen solche Auswüchse überhaupt brauchen?

Wie eine Pflanze Wasser und Licht benötigt, um sich zu entfalten, sehnt sich jedes Individuum nach wahrer Liebe.

Selig sind die Bekloppten

Manchmal tut es der Seele weh, Sachverhalte zu verstehen und zu wissen was eigentlich so abgeht. Geburt, what the fuck, Tod. Auch ich habe es erst „the hard way" lernen müssen, mit dem seltsamen Treiben so mancher Erdlinge, ohne daran zu verzweifeln, leben zu können. Mittlerweile gelingt es mir immer öfter, mir diese groben Unstimmigkeiten nicht mehr so zu Herzen zu nehmen.

Ohne Sicht durch die Dunkelheit ist zwar bequemer, aber mir graut schlichtweg mehr davor. Lieber den Herzschmerz durch mein emphatisches Empfinden spüren, als die satte Eintönigkeit der bewusstlosen Hirnmasse.

Lieber das Salz, die Süße, das Bittere und Saure des Lebens auskosten, als die eintönige stumpfe Sinnlosigkeit. Stattdessen lebendige bunte Vielfalt.

Ich empfinde nun mal Anlässe, die zum Weinen schön, kurzlebig und kaum zu greifen sind, besser als jene, die langweilig lange weilen.

Ich betrachte es nun einmal so, dass es viel wichtiger ist, die schönen Augenblicke mit seinen Liebsten zu teilen, als Besitztum zu zelebrieren. Mir Geben heiliger ist als Nehmen. Mir das Dasein auf dieser ach sooo schönen Welt zu kurz, um es mit Nichtigkeiten zu vergeuden. Lust einfach erstrebenswerter ist als Frust.

Ich bin bereit, mein Schicksal anzunehmen. Ein

Dafür und nicht dagegen.

Anhören mir gefälliger ist als überhören. Ich trete halt nicht gleich die Türe ein, wenn jemand „Bitte eintreten" sagt, ich schreite. Ehrlich und aufrichtig.

Lieber reich im Geiste als hohl in der Birne. Geld stinkt nicht. Jene, die zu viel davon haben, oft schon.

Lieber ein reines Gewissen als viel Kohle im Kissen und trotzdem schlecht schlafen. Lieber mehr Likes von meinen Liebsten durch Umarmungen, als tausende im öffentlichen Schein oder nicht Sein, durch virtuellem Daumen nach oben.

So jetzt ist es raus. Es musste einfach mal sein. Man möge mir etwaige Anstößigkeiten verzeihen.

Lieber arm an materiellem Besitz als minderbemittelt an Geist und Seele.

PS: Übrigens man sagt nicht mehr dumm, sondern bildungsresistent.

Simulation

Es gibt da draußen, irgendwo einen Architekten, der die Welt entworfen hat. Es ist eine Art Computersimulation. Wir sind nur Figuren in einem realistisch programmierten Computerspiel.

Warum nicht? Irgendwann dachten die Menschen ja auch, dass die Welt eine Scheibe ist. Jetzt ist sie halt mal eine „eingebildete" Kugel.

Wie im Film „Matrix" könnte man meinen, dass unsere Umgebung eine getäuschte Wahrnehmung des Realen ist. Mit unseren Sinnen ertasten, sehen, riechen und fühlen, man könnte auch sagen füllen, wir die Welt, die uns dann real erscheint. Unser Gehirn übersetzt uns, wie bei einem Computer, über Einsen und Nullen, all diese Eindrücke in wahrnehmbare Realität. Es entsteht die Illusion von Echtheit, wie bei dem Biss auf die Goldmünze.

Die reale Existenz unterscheidet sich sozusagen von der Matrix lediglich dadurch, dass wir von diesen Eindrücken und deren Echtheit vollkommen überzeugt sind.

Natürlich ist es sehr schwer, es als nicht gegeben anzusehen. All unsere Eindrücke sind Erinnerungen von Erfahrungen, wovon wir „wussten", dass sie real sind. Diese sind in „Wirklichkeit", als Simulation betrachtet, somit falsch und nicht mehr wahr. So kann es gehen. Bis jetzt real und ein paar Absätze weiter, alles Lug und Betrug.

Dann würden wir eigentlich das Universum in einem ständigen Fluss von Betrachtungen erzeugen und dadurch die Welt um uns als gegeben wahrnehmen. Alles in Echtzeit und gegenwärtig.

Die von uns als gegeben angenommene Realität hingegen, wäre dann lediglich eine vom Gehirn getäuschte Sinneswahrnehmung, wovon wir überzeugt sind, dass sie echt ist. Hätten wir schon seit unserer Geburt erfahren, dass es anders wäre, würden wir sicher dieser Vorgabe Glauben schenken.

Mal ganz ehrlich, könnte so sein.

Die Welt wäre eine Bühne, das Leben ein Spiel!

Obiges war sicher eine Betrachtung wert.

Spirituelle Hygiene

Persönliche Integrität ist die fortwährend aufrechterhaltene Übereinstimmung des persönlichen Wertesystems und der persönlichen Ideale mit dem eigenen Reden und Handeln. Treue zu sich selbst.

Wenn wir uns diese Definition näher ansehen, hat Integrität, meiner Ansicht nach, mit geistiger „Reinheit" zu tun. Eine Art Tugend sozusagen. Zu dem zu stehen, was man ist und es seiner Umwelt nicht vorzuenthalten, wäre eine mir liebere Beschreibung dafür.

Was fange ich nun damit an?

Persönliche Rechtschaffenheit hat sehr viel mit Selbstreflexion zu tun. Dazu stellt man sich am besten vor einen Spiegel und fragt sich selbst, was man an sich mag und was eher nicht - ganz ehrlich und offen. Natürlich geht es jetzt hier nicht um Äußerlichkeiten, sondern um das Auseinandersetzen mit unseren inneren Werten.

Man listet danach die entdeckten Verhaltensweisen, Eigenschaften oder Muster, eingeteilt in Likes und Dislikes auf. Dazu zählen auch Handlungen, die du setzt, wobei du selbst aber nicht möchtest, dass dies ein anderer mit dir tut. Wie das Sprichwort „Was du nicht willst, dass man dir tu', das füg auch keinem andern zu", so schön ausdrückt. Soll heißen, gehe mit anderen so um wie du von ihnen behandelt werden möchtest.

Für mich ist es Fakt, dass schädliche oder auch ungewollte Handlungen, die man begeht, die Grundpersönlichkeit eines Menschen schwächen und dadurch seine Handlungsfähigkeit moralisch untergraben. Somit kann sie nicht mehr ganz sich selbst sein. Dieser halbherzige Zustand wirkt sich auf ihr ganzes Leben, mit all seinen Facetten des Seins, aus.

Die eigene Wertigkeit wird ständig verletzt und geht schlussendlich ganz verloren.

Diese Aufstellung kann man bearbeiten, indem man die guten Punkte bestätigt und ausbaut, die eher nicht so gemochten durch Veränderung ins Positive wandelt. Durch das Arbeiten an dieser Liste kann man seine Persönlichkeit vervollkommnen, was schlussendlich zu einer erhöhten Authentizität führt. Die so „aufgemotzte" Persönlichkeit ergibt noch dazu ein besseres Erscheinungsbild in allen Lebenslagen.

Ich sollte zuallererst wissen, welche Veränderungen ich anstrebe. Dann kann ich mich in aller Ruhe mit dem „Gewusst wie" auseinandersetzen. Silvester Vorsätze schlagen deswegen fehl, weil sie oft voreilig und planlos vorgenommen werden. Ein gutes Konzept und das richtige Knowhow sind sehr wichtige

Zutaten für das Erreichen eines Vorhabens. Es gilt das Prinzip „weniger ist mehr". Lieber in kleinen Schritten unter Einhaltung von Gradienten vorgehen. Zu große Schritte fördern eher die Verunsicherung und sind oft Hauptursache von Fehlschlägen.

Es sollte nicht nur körperliche Hygienestandards geben, die gesetzlich vorgeschrieben werden, sondern auch geistige, die zu einer Verbesserung unserer zwischenmenschlichen Qualität führen.

Ich persönlich finde geistige Hygiene nutzbringender als zu übertriebene körperliche Sauberkeit. Kostet nichts und bringt sehr viel.

Die allerbeste Version von dir selbst!

Stimmungen

Emotion bezeichnet eine psychophysische Bewegtheit, die durch die bewusste oder unbewusste Wahrnehmung eines Ereignisses oder einer Situation ausgelöst wird.

Daraus ergibt sich sinngemäß die Vermutung, dass es sich um eine Schwingung handelt, die mein gegenwärtiges Gefühl widerspiegelt. Gemütsverfassung in Wellenform. Würde auch dem Prinzip, dass sich alles in energetischer Bewegung befindet, entsprechen. Genug der grauen Theorie, lasst uns zur bunten Anwendung übergehen.

Diese Regungen können in angenehme und unangenehme Empfindungen gereiht werden. Stellt man sich eine Emotionsskala vor, so befinden sich oben die positiven Gefühlslagen und unten die negativen. Langeweile läge in der Mitte. Man kann auch erkennen, dass sich die einzelnen Gefühle im Dual spiegeln.

Nach oben hin geht es in Richtung (Über)Leben, nach unten in Richtung Tod.
Begeisterung
Liebe
Freude
Motivation
Langeweile
Antriebslosigkeit
Trauer
Hass

Apathie ... um nur ein paar davon zu nennen. Natürlich ist man traurig, wenn es der äußere Umstand bedingt. Jemand ist gestorben und man trauert. So ist das Leben eben.

Über etwas Lustiges muss man einfach lachen. Sich diesen Umständen emotional hinzugeben, ist ja schließlich das, was Leben ausmacht. Es ist auch ganz natürlich, dass man leichtere Schwingungen eher erleben möchte als schwere.

Zu lieben oder zu hassen macht einen großen Unterschied. Liebe hat eine befreiende Wirkung, Hass bindet. Das eine wird als Hochgefühl empfunden, das andere eher als bedrückend und schwer.

Da man normalerweise seinen menschlichen Gefühlen ausgeliefert ist, ist es nicht immer leicht, einen positiven Umgang damit zu finden. Jeder hat aber die Wahl, ob er sich mit Menschen abgibt, die ihn emotional runterziehen oder aufbauen.

Um unerwünschten Gefühlsregungen aus dem Weg zu gehen, legen sich viele einen Panzer zu, der aus Gefühllosigkeit besteht. Dadurch verlieren sie immer mehr die Fähigkeit, empathisch zu empfinden.

Den Preis, den man dafür an der Kassa des Lebens zahlt, ist allerdings sehr hoch. Nur dabei statt mittendrin. Was nützt einem der schönste Strand, wenn man ihn nicht „erleben" kann.

Bis in die Haarspitzen möcht ich es spüren!

Stockholm Syndrom

Ein psychologisches Phänomen, bei dem das Opfer ein positives emotionales Verhältnis zu seinem Peiniger aufbaut. Dies kann dazu führen, dass das Opfer mit dem Täter sympathisiert und mit ihm kooperiert.

Die emotionale Abhängigkeit zu einer destruktiven Person ist der bestimmende Faktor dieses Zustandes. Wie bei einer Sucht, wo man mit Leidenschaft sucht, was Leiden schafft. Die ganze Lebensenergie wird in der Aufrechterhaltung dieses wahnwitzigen Verhältnisses verschwendet und auch oft mit „wahrer Liebe" verwechselt.

Schauen wir mal genauer hin. Wie gelangt man im Laufe der Zeit in so eine Lebenssituation, die man im Grunde seines Herzens nie angestrebt hat? Wie kam es, dass man in so eine Abhängigkeit geraten ist? Wo bleibt hier der gesunde Hausverstand, der einem aufzeigt, dass so eine Beziehung nicht guttut und so rasch wie möglich enden sollte? Lebt so eine ungesunde Verbindung einfach weiter und nimmt dafür seelischen und körperlichen Schaden aller Beteiligten in Kauf?

Das wirkliche „Phänomen" dieses Umstandes ist, dass es nur ganz wenige schaffen, aus so einer krankhaften Interaktion auszubrechen. Jahrelanges Martyrium ist der Regelfall.

Was ist der **Klebstoff**, der es einem so schwer macht davon loszukommen?

Mitleid ist einer der Komponenten, das so bindet. Ein bisschen „Es tut mir so leid!", und ein paar Krokodilstränen genügen, um alles Leid vergessen zu machen.

Man versucht andauernd zu kitten, was schon längst zerbrochen ist. Schwer erkennbar durch den Umstand der ähnlich toxischen Beziehung der eigenen Eltern. Man möchte, so wie schon als Kind, dass die Partner zusammenbleiben. Oft führt genau diese Betrachtung zur falschen Entscheidung. Wegen den Kindern bleibt man, lässt dabei aber außer Acht, dass diese Verbindung auch für sie schädlich ist.

Die zweite Komponente des Klebers ist die **Angst**. Liebesentzug, Abwertungen und leider viel zu oft auch noch immer physische Gewalt, verringern das eigene Selbstwertgefühl und Vertrauen. Es fehlt einem schlicht der Mut dazu, eine Beziehung zu beenden und einen Neuanfang zu wagen. Lieber alles beim Alten lassen. Es wird sich schon noch zum Guten wenden.

Dabei schreitet die Zeit voran, ohne dass sich grundlegend etwas verändert. Wertvolle Lebenszeit geht unwiederbringlich verloren.

Da der Mensch sich schlussendlich an alles gewönnen kann, tut die Macht der **Gewohnheit** das ihrige, um diese unheilvolle Allianz aufrechtzuerhalten. Und fertig ist der "Drei-Komponenten-Kleber". Halt - nicht ganz, ein sehr wesentlicher, der vierte fehlt noch!

Schuld gibt einem den Rest. Durch stetige Beschuldigungen, wie zum Beispiel „Dass du mich immer so weit bringen musst!" oder ähnlichem, wird die wahre Ursache absichtlich vertauscht. Schlussendlich fühlt man sich selbst schuldig. Das sind subtile Impulse, um sein eigenes Unrecht dem Partner zuzuweisen und von sich abzulenken.

Ein wichtiger Faktor in Bezug auf dieses Thema ist die Tatsache, dass man im Laufe der Zeit immer mehr die Persönlichkeit seines Peinigers annimmt. Sozusagen dessen Gefühllosigkeit als Schutz gegen die ständigen Verletzungen aller Art einsetzt. Im Mantel der Gefühllosigkeit eingehüllt, glaubt man sich geschützt. Da die Verletzungen tiefer gehen, trifft das nur oberflächlich zu. Innerlich nagen sie jedoch weiter schmerzvoll an dir. Keine wirkliche Abhilfe, sondern bedauerlicherweise nur reine Selbsttäuschung.

Mitleid, Angst, Gewohnheit und Schuld ergeben ein fein gesponnenes Gewebe, in dem man sich hilflos und gefangen fühlt. Dass es „wahre Liebe" sei, wird oft als Grund genannt, warum viele angeblich „so gute Beziehungen" so lange halten. Dem muss ich leider entgegnen, dass dies oft mit emotionaler Abhängigkeit verwechselt wird.

Auf ewig dein oder mein.

Trinität

Der Mensch ist nach der biologischen Systematik eine Art der Gattung Homo aus der Familie der Menschenaffen, die zur Ordnung der Primaten und damit zu den höheren Säugetieren gehört.

Obwohl es in der Definition mehrmals ausdrücklich betont wird, dass wir animalischen Ursprungs sind, kann ich mich nicht wirklich damit anfreunden. „Muuuuhhhh"!

Nach jahrzehntelanger Erfahrung in der Auseinandersetzung damit, bin ich zu der Auffassung gekommen, dass die obige Armutserklärung schon sehr lange überholt ist. Zwei Drittel der Menschheit glaubt an die unsterbliche Seele und somit an geistige Existenz!

Der Mensch ist ein geistiges Wesen, reflektiert sich über seinen Verstand und lebt in einem Körper. Dies bemerkte ich schon sehr früh, abseits jeglicher Lehrmeinungen durch Bildung und Erziehung, in meiner Entwicklung zu einem erwachsenen Individuum. Durch Beobachten und Zuhören, erkannte ich, dass jeder für sich, unbedarft immer alles auf sich selbst bezieht. Mein Auto, meine Familie, mein Körper etc. Sogar bei anderen Menschen macht er keine Ausnahme, so hört man oft „meine Frau", „mein Kind" und deren vieles mehr.
Ich fragte mich, wer bin dann ich, auf den ich alles beziehe? Bin ich lediglich das biologische Erbe

meiner Eltern? Bin ich „Wolfgang", der von seiner Umwelt so genannt wird? Beides bin ich nicht wirklich, da es nur meine äußere Erscheinung betrifft, also meinen Körper.

Bin ich nun das, was ich mir über Sehen, Hören und Fühlen angeeignet habe?
Meine geistige Prägung sozusagen? Bin ich auch nicht wirklich. Alles nur Dinge, die meinen Verstand ausmachen.

Lange Rede kurzer Sinn, übrig bleibt das kleine "Ich bin Ich". War auch so.

Philosophie, Psychologie und Religion sprechen von einer immateriellen Seele. Ein geistiges Wesen, welches einen Körper und Verstand besitzt. Wenn der Verstand das Angelernte darstellt und der Körper mein Zuhause ist, dann liegt es an mir, festzustellen wie ich bin, um zu verstehen wer oder was ich bin. Meine ganz persönlichen charakterlichen Eigenheiten machen mich aus und unterscheiden mich somit von den anderen. Hinzu kommen natürlich auch soziale Kompetenzen, die man durch Prägung in der Kindheit in sich trägt. Meine schulische Bildung gibt mir den Rest. Fertig ist der „Dreier" (hihi).

Spaß beiseite. Da jeder von uns verschieden ist, jedes Gesicht eigen, jeder charakterlich unterschiedlich, bekommt man eine Vorstellung vom Unendlichen, sprich der Ewigkeit! So wie bei den Schneeflocken, die alle in ihrem Erscheinungsbild verschieden sind. Schwer vorstellbar...

Über sieben Brücken musst du gehen

Da ich nun schon über 65 bin, kann ich also getrost jetzt schon mein Leben vor meinem geistigen Auge vorüberziehen lassen, bevor es dann bei meinem Hinscheiden angeblich wirklich passiert. Wenn ich genauer hinschaue, fällt es mir wie „Schuppen von den Haaren". Es läuft darauf hinaus, eine Lebenssituation so lange präsentiert zu bekommen, bis man die richtige Art damit umzugehen findet und sie umsetzt. Ein Muster, wie ein roter Faden, zieht sich durch die gesamte Existenz.

Unglaublich aber wahr, wurde es mir immer wieder auf einem Silberteller serviert. Was auch immer ich tat, welch schlaue Tricks ich auch versuchte, unumgänglich schon wieder dieselbe unendliche Geschichte. Wie bei „Und täglich grüßt das Murmeltier", tönte „I Got You Babe", aus dem Radio. Ein stetes Wiederkehren derselben Lebenssituation. Jeder Versuch, das Universum günstig zu stimmen, all meine Aufgaben brav zu erledigen, brachten mich nicht weiter. Ständig fiel ich in die Grube, die ich mir selbst gegraben hatte. Ich traf immer die „richtigen" Entscheidungen, um mich dann erst recht am Ausgangspunkt vorzufinden. Anstatt mich in eine bestimmte Richtung zu bewegen, lief ich im Kreis. Natürlich nur bezogen auf diese Muster und nicht auf alle meine Aktivitäten.

In meinem speziellen Fall waren es immer derselbe

Typ Frau, den ich zu retten versuchte und das „geliebte“ Geld, das mir immer durch die Finger rann.

Mittlerweile geläutert, möchte ich aber nicht näher darauf eingehen, da dieses Buch Lebensbetrachtungen beinhaltet und keine Biographie ist.

Was ich aber im Sinne des Erfinders schon bewirken möchte, ist, Begebenheiten darzustellen, die es den Lesern ermöglichen, für deren eigenes Leben Rückschlüsse zu ziehen.

„Über sieben Brücken…“ fand ich deshalb stimmig, weil ich sozusagen über mehrere Versuche immer wieder dort ankam, wovon ich ursprünglich ausging.

Das Jahresende als Zeit der Besinnung könnte einmal im Jahr eine gute Gelegenheit bieten, Jahresrückblicke nicht nur im TV, sondern auf sein eigenes Leben wirken zu lassen.

Nicht nur gute Vorsätze vornehmen, sondern rückblickend vorausschauen.

Und Jimmy ging zum Regenbogen

Freiheit wird definiert als Zustand, in dem
jemand frei von bestimmten persönlichen oder
gesellschaftlichen, als Zwang oder Last
empfundenen Bindungen oder
Verpflichtungen, unabhängig ist und sich in
seinen Entscheidungen o.Ä. nicht
eingeschränkt fühlt.

Freiheit ohne Ende? Alles sehr relativ. Die einzigen
Freiheiten, die uns wirklich bleiben, dürfen nur
innerhalb gesellschaftlicher Normen gelebt werden.
In diesem Einflussbereich treffen wir unsere
eigenen Entscheidungen. Diese dann entweder
umzusetzen oder bleiben zu lassen, obliegt unserer
eigenen Verantwortung. Sinnbildlich sind es die
letzten grünen Auen, die noch nicht durch
Staudämme und Atomkraftwerke verbaut worden
sind und der Frosch noch tun und lassen kann was
er will.

Sonst schaut es diesbezüglich ganz schön
„zappenduster" aus. Wo man hinsieht
Einschränkungen, Auflagen und Verbote.
Die wenigen Freiheiten, die uns noch bleiben,
bestehen beispielsweise darin, teils unsaubere Luft
zu atmen und in einem Überangebot von Konsum-
oder Gebrauchsgütern zu ersticken. Über die
Werbung einsuggeriert, wird mir die Entscheidung,
ob ich diese Dinge überhaupt brauche,
abgenommen.

Mit seinem schwerverdienten Geld

„selbstbestimmt" shoppen gehen. Einmal nicht jeden Cent umzudrehen und sich etwas gönnen. Im Kaufrausch ist sich kaum jemand darüber bewusst, ob er das Objekt seiner Begierde auch wirklich braucht.

Freiheit bedeutet für mich eher losgelöst vom Konsumzwang. Einfach mal durch die City zu schlendern, ohne etwas zu kaufen.

Wieso gerade „Und Jimmy ging zum Regenbogen"? Der Regenbogen ist für mich ein Symbol für Freiheit und sicherlich, nach Gesundheit das wichtigste Gut, das wir haben (könnten)! Außerdem war es nicht wirklich ein schlechter Film.

Freiheit und frei zu sein, wird von der Mehrheit der Bevölkerung nicht mehr als etwas sehr Bedeutsames wahrgenommen und für selbstverständlich gehalten. Erst bei Verlust macht sich der Mensch Gedanken darüber.

Über den Wolken muss die Freiheit wohl grenzenlos sein…

Und täglich grüßt das ...

Der Alltag ist durch sich wiederholende Muster von Arbeit, Konsum, Freizeit, Körperpflege, sozialer sowie kultureller Betätigung geprägt.

Da die unbewusste Ablehnung des Lebens aufgrund des Alltags und die damit einhergehenden Routinen oft hauptverantwortlich für den Verlust von Lebensfreude ist, wäre es essentiell, mehr darüber in Erfahrung zu bringen. Zusätzlich dem Ertragen und dem Entkommen zu viel Aufmerksamkeit geschenkt wird. Allesamt Bremsklötze, die es zu lösen gilt.

Schaut man sich die Abläufe eines Tages genauer an, wird man erkennen, dass etwa zwei Drittel der täglichen Geschehnisse jenen des Vortags gleichen. Da der Mensch von Natur aus ein „Gewohnheitstier" ist, sich jedoch andererseits Wiederholungen nicht gerne aussetzt, versucht er diesen durch Automatismen zu entkommen.

Einerseits liebt er es, wenn alles seinen gewohnten Lauf nimmt, andererseits hasst er nichts mehr als die andauernde Langweile von scheinbar ewig gleichen, wiederkehrenden Abläufen.

Ganz schön zwiegespalten, Frau Holle! Soll es nun regnen oder doch lieber nur schneien?

Dieses Spannungsverhältnis, das unbewusst durch diesen Widerspruch entsteht, drückt ordentlich auf das Gemüt. So manche Depression findet in diesem Dunstkreis ihren Ursprung. Ausgebrannte Brennstäbe, auch bekannt als Burn Out, zieren dieses Umfeld. Kein Wunder, wenn man mich fragen würde. Allein die Vorstellung, dass etwas endlos so weitergeht, trägt sicher nicht zur Gemütsaufhellung bei.

Wenn man bedenkt, dass das Leben in seiner Grundstruktur ständige Veränderung beinhaltet, ist der Versuch, es mit monotoner Gleichheit kontrollieren zu wollen, eher ein Zeichen von abstruser Hilflosigkeit.

Die meisten unserer Zunft verharren in dieser Monotonie. Tun es damit ab, dass man eh nichts dagegen machen kann, weil das Leben eben so spielt. Die damit verbundene ambivalente Haltung hilft auch nicht, aus diesem Trott auszubrechen. So ist man unter dem erbarmungslosen Druck der Gewohnheit immer wieder gerne bereit, bedingungslos abzuliefern.

Oft muss man erst die Mauern des Gefängnisses erkennen, um sie niederzureißen und auszubrechen.

Unter dem Radar

Eine Form der Informationsverarbeitung, derer wir uns nicht bewusst sind. Nach Freud war es ein "Gehirnspeicher" für inakzeptable Gedanken, Wünsche, Gefühle und Erinnerungen.

Viele verwenden die Begriffe „bewusst" und „unbewusst" ganz selbstverständlich in ihrer Umgangssprache, sind sich aber über deren Bedeutung nicht im mindesten gewahr.

Genau so wenig, wie sie sich während des Betrachtens von dargestellten Handlungen in Filmen darüber im Klaren sind, dass die gezeigten Inhalte nur schaugespielt werden. Natürlich behaupten sie, dass dem nicht so ist. Sie sind ja nicht so dumm, das nicht zu wissen.

Die Gefühle, die während des Betrachtens entstehen, stammen ursprünglich von vergangenem Erlebten, die nun durch die Inhalte stimuliert werden. Dies vermittelt dem Betrachter den Eindruck von Echtheit des Gesehenen. Das Erzählen des Films vom Vortag, wie wenn man selbst dabei gewesen wäre, bezeugt diese unglaubliche Tatsache.

Die Werbeindustrie benützt diese Gegebenheit, um ihre Inhalte in diesen unbewussten Raum zu transportieren.

Die Sachverhalte, die man nicht versteht, werden

unbemerkt im Unterbewusstsein abgespeichert. Sie wirken sich subtil auf das eigene Tun aus und ein ursächlicher Umgang damit ist nicht möglich. Wie auch nicht Bedachtes durch unsere Gefühle ständig auf unser Leben zugreift, ohne Rücksicht darauf, ob wir uns dessen bewusst sind oder nicht.

Bewusst verinnerlichtes Wissen hingegen befähigt Lebenssituationen zu meistern und über Erfahrungswerte zu reflektieren, um daraus für die Zukunft zu lernen.

Wie kann es sein, dass der Mensch annimmt, dass die Wiederholung seiner gestrigen Handlungen in Zukunft ein anderes Ergebnis produziert?

Dummheit könnte man meinen. Unter seiner bewussten Wahrnehmung würde es treffender beschreiben.

Deswegen ist emotionale Intelligenz so wichtig.

Wie ein Kind, dass die Hände vor die Augen hält und nun glaubt, nicht gesehen zu werden.

Vergeben

Ein Unrecht, eine Kränkung o.Ä. nicht als Anlass für eine heftige Reaktion, eine Vergeltungsmaßnahme nehmen, sondern mit Nachsicht und Großzügigkeit reagieren.

Sich selbst verzeihen oder allgemein jemandem zu verzeihen, bringt angeblich den ultimativen inneren Seelenfrieden mit sich. Stimmt das überhaupt?

Ich behaupte mal ganz einfach, dass es so sein kann, aber von zwei wesentlichen Faktoren abhängt. Ohne Einsicht, auch wenn es mich selbst betrifft, gibt es kein Bereuen und deshalb auch keine Bereinigung des Zwists.

Das Zerwürfnis ist somit nicht aus der Welt. Es herrscht weiterhin dicke Luft. Normalerweise sollte es überhaupt kein Problem sein, in sich zu gehen und mit sich selbst ins Reine zu kommen. Dennoch gibt es Widerstände, die sich in den Weg stellen können.

Uneinsichtigkeit über seine eigenen Handlungen, falscher Stolz und Schamgefühl sind Hauptfaktoren, die ein Auflösen dieses inneren Konflikts verhindern. Im eigenen Revier schon schwer genug, trifft man bei seinem Gegenüber auf den wahren Endgegner. Verletzende Entrüstung, tiefgehende Abwertungen und gemeine Diffamierungen sind nur einige „Waffen" aus dessen Arsenal.

Fehlt die Einsicht, kann dieses zwischenmenschliche Übel nicht bereinigt werden. Vergeben kann man nur demjenigen, der sein falsches Verhalten erkennt und offen eingesteht.

Um nicht auf ewig in einem solch belastenden Konflikt verhaftet zu bleiben, besteht die Möglichkeit, in einem Anfall von wahrer Größe diesen für sich mit einem „Es ist wie es ist", ins Nirwana zu befördern.

Ein Zurück zur Normalität ist somit nur dann möglich, wenn alle Beteiligten ihren Teil dazu beitragen.

Der erste Schritt wäre demnach das Erkennen und die Einsicht darüber, etwas falsch gemacht zu haben. Der daraus resultierende zweite, diese Besinnung anzuerkennen und zu vergeben.

Man tut sich jedoch selbst keinen Gefallen, es falsch zu interpretieren. Sachverhalte lösen sich nur, wenn sie in ihrer Echtheit betrachtet werden. Recht wird zu richtig, Unrecht bleibt zu Recht bestehen!

Dein wahres Gefühl darüber weist dir den Weg!

Verstehen

Verstehen ist das inhaltliche Begreifen eines Sachverhaltes, das nicht nur in der bloßen Kenntnisnahme besteht, sondern auch und vor allem in der intellektuellen Erfassung des Zusammenhangs, in dem der Sachverhalt steht.

Ein kurzes Duplizieren, Abspeichern oder auch nicht, eher ein aus dem Auge aus dem Sinn Gehabe und schon wieder auf der Jagd nach der nächsten ultimativen Ablenkung.

Kommunikation zielt nicht mehr auf Verstehen ab, sondern findet in reduzierter Form durch kurzlebige Schnittstellen statt. Ein schnelles Hinhören, Abhaken und auf geht's zur nächsten Phrase.

Das konsequente und penetrante Nachplappern von Sprechblasen, eine Kopie einer Kopie, kaum mehr ein Original oder im Geringsten originell. Alles mutet sich ähnlich an, nichts scheint mehr wichtig, richtig oder wegweisend. Ein in sich wiederholendes „boring to death"!

Sei ein Original nicht eine Kopie!

Intelligenz sollte als die Fertigkeit, Unterschiede als unterschiedlich, Gleichheiten als gleich und Ähnlichkeiten als ähnlich zu erkennen, definiert werden.

In diesem Kontext erhellt sich das Dunkle, das Unsichere wird zur Sicherheit, der Dunst wird klar. Es befähigt mich, durch Wissen sinnvoll zu handeln. Besserwisserei verliert so an Macht.

Nähe ergibt sich aus Gemeinsamkeiten, Verstehen und Zuneigung. Differenzen, Missverständnisse und Ablehnung führen hingegen zu Entfremdung.

„Social distancing" nicht nur wegen Corona!

Individuen werden nicht nur sozial distanziert, sondern sie entfernen sich auch immer mehr von der eigenen Wahrnehmung. Kein Begreifen der Wirklichkeit und gelebte Gefühllosigkeit.

Bei so viel Traurigkeit kaum noch sichtbare Tränen. Du Opfer du!!!

Was bleibt ist Abgestumpftheit und innere Leere. Ein bloßes Abhandeln des Lebens mit oberflächlichen Inhalten.

Ein Dasein ohne Bedeutung und Wert.

Das ist der Preis, den jeder von uns an der Kassa des Lebens löhnen muss.

Visionen

Wenn das Leben keine Vision mehr hat, dann gibt es auch kein Motiv sich anzustrengen.

Hab immer mehr Träume als die Realität zerstören kann!

Eine bedeutsame Tatsache, deren Wichtigkeit nicht zu unterschätzen ist. Es ist die Komponente der optimistischen Wertschöpfung schlechthin, seine positive Sichtweise unter allen Umständen aufrechtzuerhalten. So wie das bloße Verliebtsein uns Flügel verleiht und nicht nur Red Bull.

Während bei erfreulichen Vorhaben sofort Gegengedanken aufkommen, ist es bei unerwünschten Ereignissen fast selbstverständlich, diese als natürlich gegeben hinzunehmen. Dies wird meist durch gut gemeinte Ratschläge, die auf einer diesbezüglich ablehnenden Grundhaltung des sozialen Umfeldes beruhen, verstärkt.

Das Leben in der Metapher als Schlaraffenland erscheint der Mehrheit nun einmal leider unrealistisch. Es sich bequem im Mittelmaß einzurichten schon eher.

Erschwerend kommt noch hinzu, dass umso ängstlicher man selbst ist, desto mehr Gegenargumente finden sich. Medien und ihre vorwiegend negative Berichterstattung tragen ebenfalls dazu bei. Tagtäglich wird man mit negativen Nachrichten zugemüllt. Betrachtet man jedoch sein eigenes Leben, steht es meist im krassen Widerspruch zu diesen Berichten. Das alles macht es fast unmöglich, seine positive Haltung auf lange Sicht zu bewahren.

Die meisten Träume enden deshalb am Friedhof, wie das eigene Leben schlussendlich auch.

Die meisten haben ihre Vision an der Garderobe abgegeben und den Abholzettel weggeworfen.

Was dahinter steckt

Den Dingen auf den Grund zu gehen ist eine Fertigkeit, die viele von uns gänzlich aus ihrem Fokus verloren haben.

Das oftmals verwendete „ich muss hart daran arbeiten", um Probleme aus der Welt zu schaffen, ist schon deshalb vergebene Mühe, denn wie kann ich überhaupt an etwas arbeiten, wenn ich die Ursache davon nicht weiß?

Jeglicher Zustand, der einer Veränderung bedarf, kann nur durch das Herausfinden des wahren Grundes einer wirklichen Lösung zugeführt werden. Einerseits eine gute Erkenntnis, da jegliche Problemstellung dadurch zu lösen ist. Die Kehrseite der Medaille dabei, dass man dafür etwas tun muss und dies meist großer Kompetenz bedarf. Erschwerend kommt noch hinzu, dass die zugrundeliegenden Ursachen oft vielfältig in ihren Erscheinungsformen sind. Begründungen ohne Ende - Begrünungen von Balkonen wesentlich leichter zu gestalten.

Positiv ist zu werten, dass es ausschließlich in der eigenen Verantwortung liegt. Niemand kann dir sozusagen ins Handwerk pfuschen.

Selbsterkenntnis ist der erste wichtige Schritt zur Veränderung.

Dies impliziert, dass man zuallererst eine Einsicht

über die Problematik erlangen muss, bevor ein Wandel stattfinden kann. Eine Erkenntnis setzt voraus, dass es der Person bislang noch nicht bewusst gewesen ist. Ehrliches Ergründen unbedingt notwendig. Umkehrschluss: Ändert sich der Zustand nicht, wurde der richtige Grund noch nicht gefunden.

Es muss eine ganz neue Sicht der Thematik sein. Ohne das „Warum", kann man nie das so wichtige „Wie" in Erfahrung bringen. Sprich, kenne ich den Grund eines Mangels oder Fehlers nicht, kann dieser auch nicht behoben werden. Deswegen ist Wissen Macht. Wenn man weiß, kann man tun. Wie mit der Gebrauchsanweisung von Ikea, die manchmal auch unergründlich ist.

Wenn das so wichtig ist, warum finden dann so viele von uns Ursachenfindung nicht der Mühe wert? Mangel an Zeit und Wissen eine „gut begründete" Ausrede.

Der alles entscheidende Umstand in diesem Zusammenhang ist, dass unser Körper und Geist, mentale und physikalische Mängel, über einen langen Zeitraum kompensieren können.

Während ein Auto bereits oft mit einem geringen Defekt nicht mehr funktioniert, hat die Mehrheit der Menschen das Vermögen, auch größere Einschränkungen länger auszugleichen. Dies verleitet dazu, den Ursachen erst gar nicht auf den

Grund zu gehen und die Auswirkungen kaschierend auszusitzen. Beim Auto ist das unmöglich, beim Menschen hingegen „funktioniert" es einwandfrei.

Mit relativ geringem Aufwand ließen sich so viele problembehaftete Bereiche im Leben zum Positiven ändern.

Unsere moderne Medizin geht mit „gutem" Beispiel voran. Der „Inbegriff" für das Bekämpfen von Symptomen und das Ignorieren von Ursachen schlechthin.

Jesus meinte seinerzeit nicht umsonst: „Herr verzeih ihnen, sie wissen nicht was sie tun"!

Oft wirklich nicht.

Weggefährten

Auf gegenseitiger Zuneigung beruhendes Verhältnis von Menschen zueinander.

Dieser Begriff sollte eigentlich im wahrsten Sinne seiner Bedeutung das emotionale Gefüge der einzelnen Mitglieder innerhalb einer Familie zueinander definieren. Ist dem aber wirklich so?

Meiner Meinung nach, bestehen Familien eigentlich aus Personen, die das Schicksal zufällig zusammenwürfelt. Dies macht mir das Rätsel verständlicher, warum in diesem persönlichen Umfeld, die meiste Gewalt stattfindet. Nicht durch Krieg, Mord oder Totschlag verlieren die meisten Menschen ihr Leben, sondern im vertrauten Kreis müssen sie darum fürchten. So schrecklich es klingt, es ist das geliebte Zuhause, wo man sich geborgen fühlen und am sichersten sein sollte, der wahre Ort des Grauens ist. Die Statistik besagt, dass achtzig Prozent der Gewalt im Umfeld der „Seinen" stattfindet.

Bei Freundschaften ist es fast ebenso, wie der Spruch und so manche Lebenserfahrung andeuten, dass, wenn man einen „guten Freund" hat, sich um einen möglichen Feind nicht mehr umsehen muss.

Die größte Verletzung findet immer dort statt, wo das Vertrauen am höchsten ist. Der Verrat durch eine vertraute Person schmerzt am meisten.

Freunde sucht man sich, mehr oder weniger, selbst. Natürlich abseits von Facebook, wo schon ein Like genügt. Ein Freund zu sein, ist eine Fertigkeit und kein von Gott gegebener Zustand.

Freundschaft aus Nutzen:

Freundschaft kann nicht aus einem Bedürfnis oder einem Mangel erwachsen. Zu geben sollte das wahre Anliegen in so einem Bündnis sein und deswegen auch „heiliger" als nehmen ist. Teilen wäre vorrangig zu werten und nicht das schamlose (Aus)nutzen einer anderen Person.

Sobald ich jemanden für etwas brauche, könnte man von einer Freundschaft aus Nutzen sprechen. Zum Beispiel um soziale Kontakte zu pflegen, um überhaupt welche zu haben, um anderen zu zeigen, dass man welche hat, um nicht alleine zu sein, um jemanden zu haben, mit dem man reden kann und vieles mehr.

Freundschaft aus Spaß und Freude:

Man lernt jemanden kennen, hat gemeinsame Interessen und verbringt gerne Zeit mit ihm. Daraus entwickeln sich gemeinsame Aktivitäten, die Spaß und Freude machen. Ja, Sexualität gehört auch dazu.

Auch hier ist der Zweck, nicht der, der die Mittel heiligt. Alles durchaus Anliegen, die ihre Berechtigung haben, Freundschaft ist halt noch immer nicht die treffende Bezeichnung dafür. Es ist halt eher eine Zweckgemeinschaft aus Spaß an der

Freud. Deswegen auch manchmal der Unterschied in der Artikulierung, worin man jemanden als wahren Freund bezeichnet.

Freundschaft von Herzen:

Gute Freundschaften entstehen nie aus einer Not heraus. Auch nicht, um gemeinsame Aktivitäten zu zelebrieren. Gemeinsamkeit ist ihr Begehr. Stets in gleicher Augenhöhe. Das Teilen von Interessen. Das Stärken von Schwächen. Die Qualität zählt, nicht die Quantität. Kein Neiden, sondern ein miteinander Freuen. Gemeinsam Pferde stehlen, um nur einige Anhaltspunkte zu nennen.

Übrigens, sich selbst sein Bester zu sein, nie nicht falsch!

Weitsicht

Der Wolf, der schon seit Jahrtausenden durch die Wälder streift, um wieder einmal das lebensnotwendige Wild zu erlegen. Voll fokussiert, um den Fortbestand seiner Rasse zu bewahren. Ein innerer Trieb treibt ihn an. All das hat genügt, um sein Überleben auf lange Sicht zu sichern. Nicht einmal der Mensch, dem Wolf weit überlegen, hat es geschafft, ihn vollkommen auszurotten. Isegrim hatte den nötigen Durchblick, könnte man sagen.

Der Adler hoch in der Luft, in elegantem Flug, hat den nötigen Überblick, um seine Beute zu schlagen. Treffsicher stürzt er hinab, um für diesen Tag, seinem Vorhaben gerecht zu werden. Dies ermöglicht seiner Art schon seit jeher zu überleben.

Sämtliche Hochkulturen der Menschheit hingegen, ob jene der Majas, Azteken, Römer Perser, Ägypter oder der Hellenen, gingen trotz ihrer Überlegenheit in Kriegsführung und fortgeschrittenen Lebensweisen unter. Wie mächtig waren doch ihre Reiche, sie beherrschten weite Teile der Welt. Trotzdem mussten sie sich dem Zahn der Zeit beugen und verschwanden allesamt von der Bühne.
Wie durch Gottes unabänderlichen Willen, immer wieder dem Untergang geweiht. Nicht Silber, Gold und Edelstein, Intelligenz, Technik oder Kunst genügten, um der einfachen Schöpfung in der Überlebenskunst das Wasser zu reichen.

Diese, uns im langfristigen Bestehen überlegenen, jedoch in ihrem Potential weit unterlegenen Arten, leben es uns vor und trotzdem schaffen wir es nicht, mit Geist und Witz gewappnet, einfach durch simples Nachahmen den Kopf aus der Schlinge zu ziehen.

An welcher Sicht es mangelt, wenn wieder einmal jemand unserer Zunft aus dem zehnten Stock springt und, nachdem er schon beim dritten angekommen ist, in seiner überheblichen Art noch immer Stock und steif behauptet, dass es eh bislang noch gut ging, kann ich nicht wirklich festmachen.

Gegenwärtig hochtechnisiert mit künstlicher Intelligenz wett- und aufgerüstet, realisiert die Elite nicht wirklich den Fakt, dass eins und eins immer nur zwei ergibt. Hartnäckig sägt sie weiter an dem Ast, auf dem sie selbst sitzt. Klima, Gentechnologie, vollkommene Automatisierung, um nur einige zu nennen, sind meiner Betrachtung nach, Eingriffe in ein natürliches Gefüge ohne die langfristigen Folgen davon nur im Geringsten zu erahnen.

Ich maße es mir nicht an, ein endgültiges Urteil zu richten. Zweifle aber an, selbst durchzublicken und hadere damit, ob es überschaubar ist. Allemal sind es Indizien für Hochmut, der vor dem Fall kommt. Fallen in die Grube, uns selbst gegraben. Da steh ich nun als armer Tor und bin so klug wie je zuvor. Wissend, dass ich nichts weiß. Oder doch nicht?

Mit Weitsicht betrachtet, versuchend einen

Durchblick zu erhaschen, im Zeitfenster der Ewigkeit so zu schreiben, aber trotzdem kürzer als kurz, eher im Zeitraffer, war es ein anfängliches „Ugha ugha", Jahrtausende von Mord und Todschlag, vor kurzem noch ein Land der Akten und Schubladen, jetzt hochfrequent in einer Cloud.

Eines ist aber in dieser ganzen Konfusion oder nach Konfuzius lesbar. Der Mensch hat drei Wege klug zu handeln:

Erstens durch Nachdenken: das ist der edelste. Zweitens durch Nachahmen: das ist der einfachste. Drittens durch Erfahrung: das ist der bitterste.

Eines ist für mich aber ganz sicher: Wir machen uns zu wenige Gedanken, ahmen oft das falsche nach und lernen zu wenig von noch so bitterer Erfahrung.

Vielleicht ist es genau unser Versagen, mit Intelligenz intelligent umzugehen? Unsere größte Stärke auch unsere größte Schwäche? Macht uns genau das dem Wolf oder dem Adler im Hinblick auf das Überleben unterlegen? Sie haben den Fokus auf Altbewährtes, lernen durch Nachahmen, folgen ihren Instinkten und werden dadurch ihrer Bestimmung bis heute gerecht.

Scham erfüllt mich durch und durch.

Abschließend möchte ich anmerken, dass Nachdenken, für mich in diesem Zusammenhang, das Lernen aus Vergangenem bedeutet.

Wenn die Seele schmerzt

Psychosomatik: Wissenschaft von der Bedeutung psychischer Vorgänge für Entstehung und Verlauf von Krankheiten.

Jeder von uns kennt das Gefühl, die Kappe noch zu spüren, obwohl man sie zuvor schon abgenommen hat. Es handelt sich dabei um kein reales Empfinden, sondern um den „Eindruck" von vergangenem Erlebten im Hier und Jetzt. Ein „psychosomatisches Empfinden", wie man in Fachkreisen simpelt.

Die meisten Krankheiten sind psychosomatischen Ursprungs. In solchen Fällen kann der Betroffene die Symptome (oft auch der behandelnde Arzt) nicht zuordnen und denkt, dass irgendetwas mit dem Körper nicht stimmt. Der Lauf von Pontius zu Pilatus findet hier seinen Anfang. Man erhält vom Arzt eine Diagnose über ein Leiden, das man zwar spürt, das real aber nicht vorhanden ist. Hinzukommt, dass man dabei meist nur gefragt wird, was einem so fehlt und eine Behandlung verordnet bekommt.

Da die Ungereimtheit ja nicht wirklich eine physische Ursache hat, wird der gesunde Körper fälschlicherweise behandelt. Das Unwohlsein lässt jedoch nicht nach und man holt sich mittlerweile eine zweite Meinung ein. Es endet meist mit einer neuen Diagnose und entsprechender Therapie. Diese Leidensspirale könnte sich schier endlos fortsetzen, findet aber meist im Konsum von

Schmerzmitteln ihr unnatürliches Ende.
Flankiert wird dieses Übel mit dem Umstand, dass
der Mensch „lieber" an etwas Physischem leidet,
da ihm eine medizinische Behandlung plausibler
erscheint.

Psychisch verursachte Schmerzen oder
Empfindungen sind eher unbeliebt. Sie haben den
bitteren Beigeschmack, dass man sich das Ganze
nur einbildet und deshalb als psychisch labil
abgestempelt wird.

Obwohl schon in fast jedem Film, die
Auswirkungen von traumatischen Erfahrungen
dargestellt werden und auch die Ursache
anschaulich und verständlich belichtet wird, ist so
mancher Mediziner oder auch Psychotherapeut mit
der Handhabung von Psychosomatik, meist
überfordert. Stattdessen wird in im Kontext
stehenden Szenen mit öffentlich-rechtlicher
Vorbildwirkung immer wieder gern verkauft, dass
der gute alte „Seelentröster Alohol" die gängigste
„Therapieform" ist.

Dass die Seele (Psyche) den Körper (Soma)
schmerzt, ist zwar schwer vorstellbar, aber
trotzdem wahr.

Hilf dir selbst, dann hilft dir Gott!

Ich hoffe natürlich inständig, dass das nähere
Beleuchten dieser Thematik für viele schon jetzt
ein bisschen hilfreich ist.

Wenn es nicht auch Spaß macht, lass es sein!

Handlungen oder Ähnliches, die auf Heiterkeit abzielen.

Spaß an der Freud ist einer der wichtigsten Anhaltspunkte bezüglich anstehender Lebensentscheidungen. Bringt eine Aktivität nicht auch Kurzweil, lass es lieber. Macht die Arbeit keine Freude, quit it!

Das Leben ist zu kostbar und zu kurz als es mit oder an Inhalte zu verschwenden, die oft nur Mühe und Plage sind.

Was ist Spaß eigentlich?

Ich verstehe darunter nicht das Verhalten, das man an den Tag legt, wenn man einen Kübel Sangria intus hat. Auch nicht diesen gedankenlosen Irrsinn, bei dem unbedacht oft Schaden für andere entsteht. Auch nicht dieses ständig gekünstelte und nervende „Gut-drauf-Sein" müssen, um andere zu bespaßen. Und dabei sich selbst damit zeigt, dass man gut drauf ist. Schlussendlich auch nicht den Sarkasmus, den so viele als lustig empfinden.

Sondern ganz schlicht und einfach, dass es mir Freude bereitet, mich mit etwas oder jemanden auseinanderzusetzen. Schon beim Gedanken daran zaubert es ein Lächeln auf meine Lippen.

Losgelöstes Sein, fast schwerelos und unbedarft. Humor, der öffnet und dem Lachen freien Lauf lässt. Einfach „luftig" sein.

Mir ist auch vollkommen bewusst, dass es im alltäglichen Trott einer Existenz vielleicht nur kürzere oder längere Augenblicke sind.

Lustige Auszeiten, die das Leben bereichern.

Ohne diese Eckpfeiler jedoch, fehlt etwas wesentlich Stützendes in jemandes Haus, das sich Leben nennt.

Wollte es nur so, eben mal, erwähnt wissen.

Zuversicht

Das Überzeugt-Sein von seinen Fähigkeiten, von seinem Wert als Person, das sich besonders in selbstsicheren Auftreten ausdrückt.

Dazu müsste sich jeder Einzelne von uns mit sich selbst beschäftigen, die Zeit dafür nehmen und sich das Gewusst-Wie erlesen. Viele sind jedoch so in ihrem Alltag gefangen, dass sie oft ein ganzes Leben lang nicht die Zeit finden, diese wichtigen Schritte in ihrer Entwicklung zu setzen.

Weshalb fängt man erst in der Mitte seines Lebens an, sich mit dieser Thematik auseinanderzusetzen? Hätte es nicht mehr Sinn, sich lebensbegleitend immer wieder damit zu beschäftigen? Wäre sicher sinnvoller, als sich erst nach der ersten Lebenshälfte damit zu befassen, um herauszufinden, wie es besser hätte laufen können.

Auch unser Bildungssystem ist für diese fehlgeleitete Entwicklung mitverantwortlich. Man lernt Dinge, als gegeben hinzunehmen, ohne sie zu hinterfragen. Meistens werden Inhalte auswendig gelernt, um sie für kurze Zeit abrufen zu können. Sinnerfassendes Verständnis ist leider nicht wirklich gefragt. Auch deswegen lernt der Mensch aus seiner Geschichte nicht.

Auch das Leistungsbewertungssystem der Gesellschaft trägt seinen Teil dazu bei. Schon als Kind wird man von seinen Eltern zumeist nach seiner Leistung wertgeschätzt - sprich: „bist du brav, bringst du gute Noten, dann habe ich dich lieb", und so weiter. In der Schule wird dies durch Leistungsbeurteilung bestärkt und fortgesetzt.

Das Wort „wesentlich" gibt den entscheidenden Hinweis und macht den Unterschied. Es besteht aus „Wesen" und „Ich". Die Floskel, „Ablenkung vom Wesentlichen", erklärt es näher. Die Wenigsten erfassen jedoch deren Bedeutung.

Das Realisieren Ichs als das Wesen ist das Wesentliche.

So bald wie möglich sollte damit begonnen werden, herauszufinden, wer man ist und was man selbst vom und im Leben möchte. Wie kann ich mein Leben erfüllt leben, ohne mir dessen bewusst zu sein? Lediglich die Bedürfnisse der Gesellschaft zu befriedigen, werden mich kaum weiterbringen. Wer, wenn nicht ich, sollte mich am besten kennen? Man verbringt ja nicht nur mit Familie, Freunden oder Partner viel Zeit, sondern am meisten mit sich selbst. Dieser eigentliche Vorteil von Nähe wirkt sich paradoxerweise gegenteilig aus. Warum ist das so?

Da jegliche Beobachtung von innen nach außen stattfindet, wird der Blick nach innen und damit die persönliche Wahrnehmung vernachlässigt. Oder in anderen Worten ausgedrückt, weil man sich selbst immer zur Verfügung hat, nimmt man sich selbst für selbstverständlich und dadurch gar nicht mehr wahr. Psychotherapie wäre eine mögliche Hilfestellung, sich selbst Raum und Zeit zu geben, dies nachzuholen. Jedoch oft nicht genützt, weil es häufig als Schwäche bewertet, als unnötig erachtet wird oder, noch schlimmer, in der öffentlichen Meinung als geistige Insuffizienz gilt.

Sich mit sich selbst zu beschäftigen, bringt den Vorteil sich besser zu kennen und dadurch ein sicheres Auftreten durch mehr Authentizität.

Man nimmt sich etwas vor und setzt es um. Dies steigert das Selbstwertgefühl. Im umgekehrten Fall hingegen, man hat einen Plan und verwirklicht ihn nicht, verringert sich das Vertrauen. Mutet man sich etwas zu und schafft es, baut man Überzeugung auf. So hat man das Fördern dieser Eigenschaft wiederum selbst in der Hand, ist von niemandem abhängig und somit ganz alleine dafür verantwortlich. Ausreden, wie zum Beispiel keine Zeit oder schlechtes Wetter, die dem Zweck dienen, etwas doch nicht tun zu können, zählen also nicht wirklich.

Jede Minute, jeden Tag kann man sein Leben verändern, Schwächen in Stärken und Gutes in noch Besseres wandeln.

Conclusio

Den Kern einer Sache ausmachend und daher von entscheidender Bedeutung.

Das Wort „wesentlich" setzt sich aus zwei Teilen, zum einen aus „Wesen" und zum anderem aus „Ich", zusammen. Man könnte es auch so interpretieren, dass es sich um bedeutsame Aspekte, die das Ich betreffen, handelt.

Ich, als Wesen, betrachte Dinge. Meine eigene Weltanschauung resultiert aus diesen Betrachtungen. Jeder für sich seine individuelle Sicht. Gedanken sind nicht mit Betrachtungen gleichzusetzen. Gedanken sind eher Zwiegespräche in mir über Betrachtungen. Somit sind Standpunkte wesentliche Weltanschauungen und das Sinnieren darüber lediglich Zeitvertreib.

Wesentlich wäre:

Eine gute partnerschaftliche Beziehung mit mir selbst zu pflegen und ein freundschaftlicher Umgang mit mir. An dieser Stelle sei angemerkt, dass gesunder Egoismus nicht mit egozentrischem Narzissmus verwechselt werden sollte.

Ein respektvoller Umgang mit seinen Mitmenschen und Wertschätzung deren Ansichten.

Mit der Erde verantwortungsvoll umzugehen und sie ein bisschen besser zu verlassen, als man sie vorgefunden hat.

Dies zu schaffen wäre angesichts der Probleme, die das Leben an sich schon stellt, eine sehr löbliche, wenn auch nicht leicht erreichbare Krönung.

Im Leben geht es um viel mehr als nur „Geht hinaus und vermehret euch". Um viel mehr als macht euch die Erde untertan". Um viel mehr als nur um nachhaltige Ökologie. Um viel mehr, als immer nur den Mount Everest zu besteigen.

Damit will ich nicht persönliche Ziele an den Pranger stellen, sondern ich bezweifle, dass diese Aktivitäten ausreichen, um die Welt für alle lebenswerter zu gestalten.

Warum nicht auch geistige Qualitäten als erstrebenswert erachten und das Erreichen von solchen als etwas Besonderes betrachten.

Es gibt nur eine Welt, nur einmal dich und nur wenige von den ganz, ganz Lieben.

Werdegang

Schon damals seiner Zeit voraus, zog es den in den 50er Jahren in Graz geborenen Wolfgang Unger, nach Wien, dem Mekka der Psychologie.

Ganzheitliche Heilung per se, war seine selbstbestimmte Berufung.

Jahrelange Bildung in dieser feinstofflichen Materie, zahlreiche Seminare und Workshops in Frankreich und Amerika bilden den Grundstock seiner umfangreichen Ausbildung.

In seiner mehr als 40-jährigen Tätigkeit als Lebensberater, Seminarleiter, Therapeut und schlussendlich Mentaltrainer haben sich genügend Erfahrungen angehäuft, die er durch seine Veröffentlichungen „Siegermentalität" und „Betrachtungen über das Leben", mit anderen teilen möchte.

PS: Ein ganz besonderer Dank gilt meiner Lebensgefährtin Sonja „Blümchen" für ihre tatkräftige Unterstützung. Ohne sie eine Reflexion meinerseits nicht möglich war und immer noch ist.